Cómo Superar el Temor y el Desánimo

KAY ARTHUR
DAVID LAWSON
BOB VEREEN

ISBN 978-1-62119-176-6

Este libro fue publicado en inglés
con el título "Overcoming Fear and Discouragement"
por Harvest House Publishers
1997 por Ministerios Precepto

CÓMO SUPERAR EL TEMOR Y EL DESÁNIMO

Contenido

¿Qué Estoy Haciendo?

Estas a punto de iniciar un estudio el cual revolucionará no sólo tu acercamiento a la Palabra de Dios, sino también tu entendimiento y comprensión de la Palabra. Éste es el testimonio verdadero de aquellos que están usando esta serie.

La Nueva Serie de Estudio Inductivo es la primera en su estilo, ya que con solo 15 a 25 minutos de estudio diario te lleva sistemáticamente a través de la Biblia, libro por libro, enseñándote a observar el texto y a descubrir por ti mismo lo que significa. Entre más aprendas a observar cuidadosamente el texto y a familiarizarte con el contexto en el que se presentan textos específicos, más cerca estarás de encontrar una interpretación exacta de la Palabra de Dios. Y esto a su vez te ayudará a poder aplicar correctamente la verdad de la Palabra de Dios y te transformará en el proceso.

Conforme avances en esta serie, recuerda que es un estudio inductivo de varios libros de la Biblia y el propósito es ayudarte a obtener el Panorama General del consejo de Dios y que puedas dejar que las mismas Escrituras interpreten a las Escrituras y así entender la verdad del contexto de la Biblia, libro por libro en su totalidad.

Si deseas expandir y desarrollar tus habilidades para el estudio, podríamos recomendarte dos cosas. Una, comprar el libro *Cómo estudiar tu Biblia* y segundo, asistir a los entrenamientos de Ministerios Precepto.

Los Institutos funcionan en los Estados Unidos, Canadá y un sinnúmero de otros países. Puedes asistir a clases en distintos horarios; los hay de dos horas hasta de cinco días completos dependiendo del curso que desees tomar. Cualquiera que sea tu elección, te unirás a las miles de personas que están asombradas de la manera cómo Dios ha enriquecido su relación con Él y profundizado en el entendimiento de Su Palabra. Para más información sobre el instituto de entrenamiento, llama a Ministerios Precepto Internacional al 800-763-8280, visita nuestra página www.precept.org o comunícate con la oficina de Precepto en tu país.

Como Empezar...

❦❦❦❦

PRIMERO

A medida que estudies los libros de Esdras, Nehemías y Ester, necesitarás cuatro cosas además de este libro:

1. Una Biblia que estés dispuesto a marcar. Marcar es esencial, ya que es una parte integral del proceso de aprendizaje y te ayudará a recordar y retener lo que has aprendido. Una Biblia ideal para este propósito es la *Biblia de Estudio Inductivo (BEI)*. La *BEI* viene en un formato de una sola columna con tipo de letra más grande y fácil de leer y es ideal para marcar. Los márgenes de las páginas son anchos y cuentan con espacio en blanco para tomar notas.

La *BEI* es única entre todas las Biblias de estudio, debido a que cuenta con instrucciones para estudiar cada libro de la Biblia, pero no contiene ningún comentario en el texto. La *BEI* no está recopilada de ninguna posición teológica en particular, ya que su propósito es enseñarte a discernir la verdad por ti mismo, a través del método de estudio inductivo. Un estudio Bíblico inductivo simplemente quiere decir que la Biblia por sí misma es tu recurso principal para estudiar. (Los diferentes cuadros y mapas que encontrarás en esta guía de estudio se tomaron de la *BEI*). No importa que Biblia utilices, únicamente debes saber qué deberás marcar, lo cual nos trae al segundo artículo que necesitarás.

2. Un bolígrafo punta fina que tenga cuatro colores distintos o varios bolígrafos punta fina de diferentes colores, para marcar tu Biblia.

3. Un juego de lápices de colores.

4. Una libreta o cuaderno de notas para hacer tus tareas y anotar tus observaciones.

SEGUNDO

1. Cuando estudies este libro, encontrarás instrucciones específicas para cada día de estudio. El estudio te tomará entre 15 a 25 minutos diarios. Sin embargo, debes saber que mientras más tiempo dediques a este estudio, tendrás más beneficios espirituales y mayor intimidad con la Palabra de Dios. Si estás haciendo este estudio con un grupo y te parece que las lecciones son demasiado difíciles, sencillamente haz lo que puedas. Hacer un poco es mejor que no hacer nada. No seas una persona de "todo o nada" cuando se trata de estudiar la Biblia.

A manera de advertencia, necesitas saber que cada vez que te acercas a la Palabra de Dios, entras a una guerra intensa con el diablo (nuestro enemigo). ¿Por qué? Cada pieza de la armadura del cristiano se relaciona con la Palabra de Dios y el enemigo no quiere que estés preparado para la batalla. Recuerda que nuestra única arma ofensiva es la espada del Espíritu, que es la Palabra de Dios y es suficiente para derrotar al enemigo.

Estudiar o no es el primer asunto a elegir, el segundo es la disciplina. Es un asunto del corazón. ¿En qué o quién estás poniendo tu corazón? ¡Ármate para la guerra! Recuerda, la victoria es segura.

2. A medida que leas cada capítulo, acostúmbrate a estudiar detenidamente el contenido del texto, haciendo las

seis preguntas básicas: ¿quién?, ¿qué?, ¿cómo?, ¿cuándo?, ¿dónde? y ¿por qué? El hacer preguntas como éstas y buscar sus respuestas, te ayudará a ver con exactitud lo que la Palabra de Dios dice. Cuando interrogas al texto, haz preguntas como éstas:

a. **¿Quiénes** son los personajes principales?
b. **¿Qué** asunto se trata en este capítulo?
c. **¿Cómo** ocurrió?
d. **¿Cuándo** ocurrió este evento o enseñanza?
e. **¿Dónde** ocurrió?
f. **¿Por qué** se hizo o se dijo?

3. El "cuándo" de los eventos o enseñanzas es muy importante y debe marcarse de una forma que se reconozca con facilidad en tu Biblia. Nosotros dibujamos un círculo (como el que se indica aquí) ◯ en el margen de nuestras Biblias a lado del versículo donde se menciona la frase referente al tiempo. También puedes subrayar las referencias de tiempo con un color específico. Como un recordatorio, anota en tu marcador de palabras clave (lo cual se explica más adelante en esta sección), cómo vas a marcar las referencias de tiempo en cada capítulo.

4. Hay ciertas palabras clave que deberás marcar a lo largo de este estudio. Para esto servirán el bolígrafo y los lápices de colores. Aunque te parezca que toma un poco de tiempo, descubrirás que es una herramienta de aprendizaje muy útil. Si desarrollas el hábito de marcar tu Biblia, verás que hay una gran diferencia en la manera como estudias y en cuánto recuerdas de lo que estudiaste.

Una **palabra clave** es una palabra importante que utiliza el autor repetidamente para transmitir su mensaje a los lectores. Hay ciertas palabras clave que aparecerán en todo el libro, mientras que otras se concentrarán en capítulos o segmentos exclusivos del mismo. Cuando marques una palabra clave también debes marcar sus sinónimos (palabras que tienen el mismo significado en un contexto particular) y cualquier pronombre *(él, ella, su, nosotros, ellos, nuestro, este)*, de la misma manera que marcaste la palabra clave. Debido a que algunas personas nos lo han pedido, te daremos varias ideas y sugerencias en tus tareas diarias, de cómo marcar diferentes palabras clave.

Para identificar las palabras con facilidad, puedes marcar por medio de colores, símbolos o una combinación de colores y símbolos. Sin embargo, los colores son más fáciles de distinguir que los símbolos. Si usas símbolos, te sugerimos que los hagas muy sencillos. Por ejemplo, una de las palabras clave en Ester es judío. Puedes dibujar una estrella de David como ésta sobre **judío** y colorearla en azul. Si se usa un símbolo para marcar una palabra clave, es mejor que el símbolo exprese el significado de la palabra.

Al comenzar esta nueva aventura, te recomendamos que diseñes un sistema de código de colores para marcar las palabras clave en tu Biblia. Así, cuando des un vistazo a las páginas de tu Biblia, reconocerás las palabras de manera instantánea.

Al marcar los miembros de la Trinidad *(lo cual no siempre hacemos)*, usamos un triángulo para representar al Padre y lo coloreamos de amarillo. Marcamos al Hijo así: **Jesús** y al Espíritu Santo así: **Espíritu**. Hemos visto que cuando marcamos toda referencia a Dios y a Jesús, la Biblia termina recargada. Sin embargo, como el Espíritu se menciona menos y como las personas no tienen una comprensión bíblica completa del Espíritu Santo, es bueno marcar las referencias al Espíritu de Dios. Por supuesto, verás mayormente referencias a Dios en el Antiguo

Testamento, pero queríamos que supieras lo que hacemos cuando estamos estudiando otros libros de la Biblia.

Cuando comienzas a marcar palabras clave, es fácil olvidarse cómo las has marcado. Por lo tanto, te ayudará usar una tarjeta de 3 x 5 para anotar las palabras clave y sus símbolos. Marca las palabras de la manera como planeas marcarlos en cada texto de la Biblia y luego usa la tarjeta como un marcador de libros. Sería bueno cortar la tarjeta en dos pedazos. Haz un marcador para las palabras que marcas en toda tu Biblia y otro diferente para el libro específico de la Biblia que estés estudiando. O escribe tu sistema de marcado para las palabras que planeas marcar en tu Biblia, en una hoja en blanco de tu Biblia.

5. Debido a que las ubicaciones geográficas son importantes en los libros históricos y te dicen "dónde", te será muy útil marcar los lugares de manera destacada en tu estudio. Trata de subrayar con doble línea cada referencia a un lugar, en color verde (¡la hierba y los árboles son verdes!). Te sugerimos hacer una nota en tu marcador de palabras clave para marcar lugares. Se incluye un mapa en este estudio, de manera que puedas buscar las ubicaciones que se mencionan en Esdras, Nehemías y Ester y así, ubicarte en el contexto geográfico.

6. Los cuadros llamados PANORAMA GENERAL DE ESDRAS, NEHEMÍAS y ESTER están ubicados al final de cada libro. Cuando termines el estudio de cada capítulo de estos libros, anota el tema principal del capítulo en el cuadro apropiado. El tema de un capítulo es una breve descripción o resumen del tema o asunto principal, enseñanza o evento predominante tratado en cada capítulo.

Cuando enuncies los temas de un capítulo, es mejor usar palabras que se encuentran dentro del mismo texto y ser lo más conciso posible. Asegúrate de hacerlo de tal forma que puedas distinguir un capítulo de otro. Hacer esto te ayudará a recordar acerca de lo que trata cada capítulo. Además, te dará una referencia inmediata si deseas encontrar algo en el libro rápidamente sin tener que buscar en todas las páginas.

Si desarrollas el hábito de llenar los cuadros de PANORAMA GENERAL a medida que progresas a través del estudio, tendrás un resumen completo del libro cuando termines. Si tienes una *Biblia de Estudio Inductivo*, encontrarás los mismos cuadros en tu Biblia. Si anotas los temas de los capítulos en los cuadros de tu Biblia y en la línea designada en la parte superior de cada capítulo en el texto, siempre tendrás un resumen rápido del capítulo y del libro.

7. Comienza tu estudio con oración. No empieces sin hacerlo. ¿Por qué? Bueno, aunque haces tu parte para tratar con la Palabra de Dios adecuadamente, recuerda que la Biblia es un libro inspirado divinamente. Las palabras que lees son totalmente verdaderas, dadas a ti por Dios, para que puedas conocerlo a Él y a Sus caminos más íntimamente. Estas verdades se revelan divinamente.

> Pero Dios nos las reveló por medio del Espíritu; porque el Espíritu todo lo escudriña, aun las profundidades de Dios. Porque entre los hombres ¿quién conoce los pensamientos del hombre, sino el espíritu del hombre que está en él? Asimismo nadie conoce los pensamientos de Dios, sino el Espíritu de Dios (1 Corintios 2:10-11).

Por esta razón necesitas orar. Simplemente dile a Dios que quieres entender Su Palabra para que puedas vivir de acuerdo a ella. Nada lo complace más que la obediencia -honrarle a Él como Dios- como estás a punto de ver.

8. Cada día, al terminar tu lección, toma un tiempo para meditar sobre lo que leíste y viste con tus propios ojos. Pídele al Padre celestial cómo puedes aplicar estas

observaciones, principios, preceptos y mandamientos a tu propia vida. A veces, dependiendo de cómo Dios te hable a través de Su Palabra, es posible que quieras tomar notas de estas "Lecciones para la vida" en el margen de tu Biblia, al lado del texto que has estudiado. Puedes poner "LPV" en el margen de tu Biblia y de la manera más concisa posible, anota la lección para la vida que quieres recordar. También puedes anotar "LPV" en tu marcador de palabras clave, como un recordatorio para buscarlas cuando estudies. Verás que a veces son alentadoras, a veces convincentes y cuando te encuentres con ellas nuevamente, serán un recordatorio de lo que Dios te ha mostrado en Su Palabra.

TERCERO
Este estudio está diseñado con el fin de que tengas una tarea para cada día de la semana. Esto te coloca en el lugar donde deberías estar, en la Palabra de Dios diariamente, escudriñando, sistematizando y utilizando la verdad. ¡Es revolucionario!

Si haces tu estudio diariamente, verás un mayor beneficio que haciéndolo una vez por semana de una sola vez. Si lo haces de esta manera, tendrás tiempo para pensar en lo que aprendes diariamente. Sin embargo, ¡haz lo necesario para llevarlo a cabo!

El séptimo día de cada semana tiene distintas tareas que difieren de los seis días anteriores. Estas tareas están diseñadas para ayudarte en un discipulado de persona a persona, discusión de grupo o clase de escuela dominical. Sin embargo, también son beneficiosas incluso si estudias este libro por ti mismo.

El "séptimo" día es cualquier día de la semana en que decides pensar o discutir sobre tu estudio semanal. En este día encontrarás uno o dos versículos para memorizar y así GUARDARLO EN TU CORAZÓN. Esto te ayudará a enfocarte en una verdad o verdades principales que se han tratado en tu estudio esa semana.

Para ayudar a aquellos que usan este material en discipulados, devocionales familiares, escuela dominical o estudio bíblico en grupo, hay PREGUNTAS PARA LA DISCUSIÓN O ESTUDIO INDIVIDUAL. Cualquiera sea tu situación, si tratas de responder a estas preguntas te ayudará a razonar en asuntos claves en el estudio.

Si usas este estudio en un grupo, asegúrate que las respuestas dadas tengan apoyo del mismo texto bíblico. Esta práctica te ayudará a garantizar de que estás tratando con la Palabra de Dios apropiadamente. A medida que aprendas a ver lo que el texto dice, te darás cuenta que la Biblia se explica por sí misma.

Examina siempre tus apreciaciones observando cuidadosamente el texto para ver qué dice. Entonces, antes de decidir lo que significa el pasaje de la Escritura, asegúrate que lo interpretas a la luz de su contexto. El contexto es lo que va con el texto... las Escrituras que preceden y siguen lo que está escrito. La Escritura nunca contradice a la Escritura. Si alguna vez te parece que contradice al resto de la Palabra de Dios, puedes estar seguro de que en alguna parte algo se ha tomado fuera del contexto. Si llegas a un pasaje que es difícil de entender, guarda tus interpretaciones para una oportunidad cuando puedas estudiar el pasaje con más profundidad.

Tu tiempo de discusión te llevará a ver cómo aplicar estas verdades a tu propia vida. ¿Qué es lo que vas a apropiar como verdad? ¿Cómo vas a poner en orden tu vida? ¿Vas a vivir no sólo para conocer estas verdades, sino para vivir de acuerdo a ellas?

El propósito del PENSAMIENTO PARA LA SEMANA es ayudarte a aplicar lo que has aprendido. Hemos hecho esto para tu edificación. En esta parte, algo de nuestra teología inevitablemente saldrá a luz. No obstante, no te pedimos que estés siempre de acuerdo con nosotros. Mejor, piensa en lo que se ha dicho a la luz del contexto de la Palabra de Dios. Tú puedes determinar cuán valioso es.

Recuerda, los libros de La Nueva Serie Internacional de Estudio Inductivo son cursos de investigación. Si quieres tener un estudio más profundo de un libro de la Biblia en particular, te sugerimos que tomes un curso de Estudio Bíblico de Precepto sobre Precepto sobre ese libro, Los estudios de Precepto son impresionantes, pero requieren cinco horas de estudio personal a la semana.

ESDRAS

RECONSTRUCCIÓN DEL TEMPLO Y RESTAURACIÓN DEL PUEBLO

᷼᷼᷼᷼

Esdras es uno de los libros más alentadores de toda la Biblia. En tu estudio de este libro, no sólo verás la mano de Dios moviéndose claramente en los asuntos de los hombres mientras Él cumple su propósito de amor, fidelidad y justicia, sino también como el hombre responde a la guía e instrucciones de Dios.

Verás a Dios, por medio de sus profetas, anunciando Sus futuros planes con cientos de años de anticipación; prediciendo los reinados de los reyes y los reinos aún antes de que hayan existido; declarando por anticipado un cronograma de tiempo preciso que se lleva al minuto y verás a Dios moviendo los corazones de toda clase de gente para cumplir Su voluntad.

En este estudio, se te advertirá de las consecuencias que resultan por la desobediencia. Te animará el estilo de vida de aquellos que conocen Su Palabra y la guardan. Te reconfortará la evidencia impresionante de que Dios continúa trabajando poderosamente en Su creación, a pesar de la respuesta del hombre. Y al mismo tiempo, te desafiará a estudiar Su Palabra, aprender Sus mandamientos, escuchar Su voz y caminar en Sus caminos.

A primera vista, Esdras pareciera ser un libro que habla acerca de la obediencia como responsabilidad del hombre, pero tiene un mensaje más profundo acerca de la fidelidad constante de un Dios soberano cuyo compromiso y compasión por Su pueblo nunca cambia. El deseo de Su corazón es tener una relación con Su pueblo, aquellos que creen en Él. Si esa relación se rompe por nuestra rebelión contra Su voluntad, ¡Su pasión es la restauración de esa relación!

Esdras era un hombre que "...había dedicado su corazón a estudiar la ley del Señor y a practicarla y a enseñar Sus estatutos y ordenanzas en Israel" (Esdras 7:10). La pasión de Esdras por conocer a Dios hizo que incluso los que en su tiempo no creían, reconocieran que "la mano bondadosa de su Dios estaba sobre él" (Esdras 7:9). Él entendió la absoluta necesidad del hombre de conocer la Palabra de Dios y de responder apropiadamente a sus mandamientos. Esdras lo declaró de esta manera: "La mano de nuestro Dios es propicia para con todos los que le buscan, mas su poder y su ira contra todos los que lo abandonan" (Esdras 8:22b).

Cuando lo buscamos, Él está en una buena disposición. Cuando lo traicionamos, Su poder y su ira están contra nosotros. Sí, Él está allí moviéndose y obrando en nuestro favor. Y sí, lo que sabemos y lo que hacemos, marca la diferencia. Comencemos a buscarle por medio de nuestro estudio del libro de Esdras. Ven, estudia con nosotros y experimenta Su favor.

¿Importa Realmente la Decisión que Tome?

ભૂ ભૂ ભૂ ભૂ

¿Has tomado alguna vez una mala decisión y has sentido que Dios se ha apartado de ti por esa decisión incorrecta? ¿Has querido alguna vez darte por vencido? ¿Renunciar? ¿Has pensado alguna vez que es imposible volver a empezar de nuevo?

¿Hay alguna esperanza o alguna salida? ¿Puede restaurarse tu relación con Dios y los demás? ¿Te perdonará Dios? ¿Todavía quiere Dios tener una relación íntima contigo?

La respuesta de Dios a todas estas preguntas es un resonante "¡Sí!"

ભૂ ભૂ

Primer Día

Lee el capítulo 1 de Esdras y haz las 6 preguntas básicas. (Ya recibiste instrucciones de cómo hacerlo en la sección "Cómo empezar" en la página 7. Si no has leído esa sección, detente y hazlo ahora. Será de mucha ayuda para ti para poder completar las tareas diarias).

Debes haber hecho algunas preguntas como éstas:

ભૂ **¿Quién** es Ciro, rey de Persia?

∾ ¿**Quién** es Jeremías?

∾ ¿**Qué** fue lo que dijo Jeremías que ahora se está cumpliendo por medio de Ciro?

∾ ¿A **qué** "casa" se refiere Dios para la cual ha designado a Ciro para que la reconstruya para Él?

∾ ¿**Por qué** eran trasladados de Jerusalén todos los artículos de la casa del Señor y puestos en la casa de los dioses de Nabucodonosor?

∾ ¿**Quién** es Nabucodonosor?

∾ ¿**Quiénes** eran los exiliados?¿**Por qué** fueron exiliados?

∾ ¿**Quién** los envió al exilio? ¿**Cuándo** fueron ellos al exilio? ¿**Cuánto** tiempo estuvieron en el exilio?

Debido a que las respuestas a algunas de estas preguntas no se encuentran en el texto de Esdras, las buscaremos en otros libros de la Biblia. Descubrir estas verdades nos ayudará a establecer el marco histórico en el cual se escribió el libro de Esdras. Todas las tareas de esta semana están diseñadas para ayudarte a establecer una base histórica sólida no sólo para Esdras, sino también para tus estudios futuros en los libros de Nehemías y Ester.

Completemos el tiempo de hoy juntos, revisando lo básico de la historia bíblica que te ayudará a entender el contexto de este libro. Este contexto será muy útil para entender a Esdras. Veremos claramente por qué los israelitas fueron llevados al cautiverio.

Comencemos viendo cómo la nación de Israel, el pueblo que está en exilio, llegó a existir. Primeramente, Dios escogió a un hombre llamado Abram (llamado más tarde Abraham) y le prometió a él tres cosas:

1) Darle una tierra (referida generalmente como "la Tierra Prometida" y más tarde llamada "Israel").

2) Hacer de él una gran nación (llamada más tarde la nación de Israel).

3) Darle una descendencia (Jesucristo, Gálatas 3:16), por medio de la cual todas las familias de la tierra serían benditas (Génesis 12:1-3).

Abraham tuvo un hijo llamado Isaac, quién tuvo un hijo llamado Jacob. Dios cambió el nombre de Jacob por "Israel". Israel (la persona de la cual proviene el nombre de la tierra y de la nación) tuvo 12 hijos que llegaron a ser las "12 tribus de Israel".

Debido a la hambruna en la tierra, la nación de Israel terminó en Egipto, siendo esclava de un faraón. Dios escogió a Moisés para sacar a los hijos de Israel de aquella atadura de esclavitud (ver el libro de Éxodo) y finalmente llevó a los israelitas a la Tierra Prometida bajo el liderazgo de Josué (ver el libro de Josué). Mientras iban camino a la tierra prometida, Dios dio a Moisés los Diez Mandamientos en el monte Sinaí (Éxodo 20). Más tarde les dio otras leyes, ordenanzas y estatutos que fueron diseñados para ayudarles a vivir su vida diaria como el pueblo escogido por Dios (los libros de Éxodo, Levítico y Números).

Durante el tiempo de Moisés, Dios lo instruyó para que construyera un tabernáculo portátil donde el pueblo pudiera adorar a Dios. Dios también manifestaría su presencia entre el pueblo en forma de una nube de gloria Shekina, durante el día y como una columna de fuego por la noche. Esa nube de gloria bajaría y descansaría o residiría en la sección del lugar Santísimo, que era una parte de las instalaciones del tabernáculo de adoración.

Muchos años después, la nación de Israel decidió que quería un rey como todas las otras naciones que le rodeaban. Dios les concedió su petición y les dio un rey llamado Saúl (1 Samuel 10). Cuando Saúl murió, David llegó a ser el rey de todo Israel (2 Samuel 2).

David quería reemplazar el tabernáculo con un lugar de adoración permanente, "una casa para Dios". Él quería construir un templo en Jerusalén, la capital de la nación de Israel. Dios no permitió a David que construyera un templo, pero si permitió que Salomón, el hijo de David, lo hiciera (2 Reyes 7). Salomón terminó con la construcción del templo en el año 959 a.C. Luego, en el año 931 a.C. Salomón murió y el reino unido de Israel se dividió en dos reinos, el Reino del Norte y el del Sur, después de una disputa en cuanto a los impuestos. El reino del Norte, Israel, estaba compuesto de diez de las tribus de Israel y el del sur (Judá), tenía dos tribus.

Observa el cuadro titulado LA DIVISIÓN Y EL CAUTIVERIO DE ISRAEL página 25. Comenzando con el año 931 a.C., localiza estas fechas para que te familiarices con el cuadro. Esto te ayudará a entender la historia de Israel a la luz del libro de Esdras.

Nota en el cuadro que el reino del Norte de Israel fue tomado en cautiverio asirio en el año 722 a.C. Durante siglos, Dios trató de convencer al reino del Norte para que dejaran su idolatría e inmoralidad, pero no escucharon a Sus mensajeros. Lo que ellos eligieron no le dejó otra opción a Dios, sino la de castigarlos por su desobediencia. El cautiverio asirio fue la consecuencia de su pecado.

Ahora fíjate en el cuadro y observa que el reino del Sur de Judá siguió los pasos de su hermana y fue tomado en cautiverio babilónico. Este cautiverio, sin embargo, fue en tres etapas diferentes. La primera etapa fue en el año 605 a.C., la segunda en el año 597 a.C. y la tercera en el año 586 a.C. También observa en el cuadro que el cautiverio debía durar 70 años, comenzando en el año 605 a.C., el tiempo de la primera etapa. También verás que Jerusalén

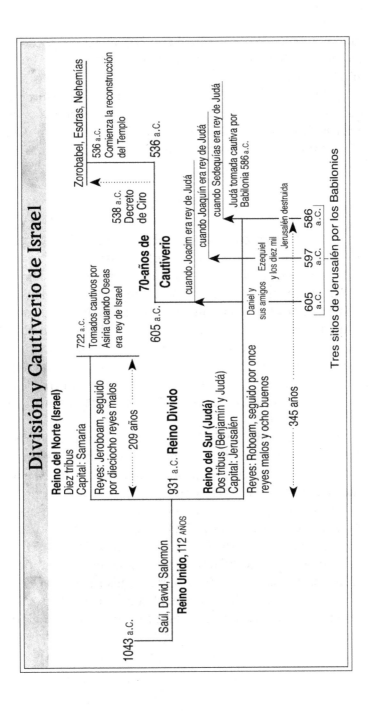

División y Cautiverio de Israel

Reino del Norte (Israel)
Diez tribus
Capital: Samaria

Reyes: Jeroboam, seguido
por dieciocho reyes malos

722 a.C.
Tomados cautivos por
Asiria cuando Oseas
era rey de Israel

Zorobabel, Esdras, Nehemías

536 a.C.
Comienza la reconstrucción
del Templo

538 a.C.
Decreto
de Ciro

536 a.C.

70-años de Cautiverio

605 a.C.

cuando Joacim era rey de Judá

cuando Joaquín era rey de Judá

cuando Sedequías era rey de Judá

Judá tomada cautiva por
Babilonia 586 a.C.

Ezequiel
y los diez mil

Jerusalén destruida

Daniel y
sus amigos

605 a.C.   597 a.C.   586 a.C.

Tres sitios de Jerusalén por los Babilonios

209 años

931 a.C. **Reino Dividido**

Reino del Sur (Judá)
Dos tribus (Benjamín y Judá)
Capital: Jerusalén

Reyes: Roboam, seguido por once
reyes malos y ocho buenos

345 años

1043 a.C.

Saúl, David, Salomón

Reino Unido, 112 AÑOS

fue totalmente destruida en el año 586 a.C., incluyendo el templo que Salomón había construido y terminado en el año 959 a.C.

¿Qué hizo el reino del Sur para que Dios permitiera que fueran tomados en cautiverio por los babilonios? ¿Fue a causa de la idolatría e inmoralidad como con el reino del Norte? ¿O fue por otras razones? Veremos eso mañana.

SEGUNDO DÍA

Hoy continuaremos viendo el trasfondo histórico del libro de Esdras. Lee Levítico 25:1-7. Esta es una de las muchas ordenanzas o estatutos que Dios mandó a los hijos de Israel. En tu cuaderno de notas, registra de la manera más breve posible, los puntos principales de la instrucción de Dios de acuerdo a esta ordenanza. (Mira la sección "Cómo empezar" para obtener una explicación acerca del cuaderno de notas. Sería bueno regresar y leer esta sección, si acaso la has pasado por alto. Contiene información importante que necesitarás para obtener el mejor beneficio de este estudio).

Ahora lee Levítico 26:27-35. Escribe en tu cuaderno de notas lo que Dios dijo que haría con los hijos de Israel si ellos no le obedecían. Asegúrate de incluir en tu lista lo que ocurriría con su tierra y sus santuarios.

Según el pasaje que acabas de leer, la desobediencia a las instrucciones claras de Dios conlleva a consecuencias severas. Lee Levítico 26:40-45 y haz una lista de lo que Dios quiso que el castigo hiciera en sus corazones y actitudes. Presta particular atención al compromiso a largo plazo con Su pueblo, que Dios claramente declara en este pasaje. Observa lo que dice que Él no hará con Su pueblo escogido, los israelitas.

Todos los hechos que acabas de observar de estos tres pasajes, te ayudarán a entender lo que los hijos de Israel hicieron mal y por qué Dios tuvo que disciplinarlos. Sin embargo, tenemos que recopilar más información para tener el panorama totalmente claro. Mañana presentaremos unos cuantos fundamentos más para este trasfondo histórico.

TERCER DÍA

Lee Jeremías 25:1-12. Jeremías fue un profeta de Dios durante el tiempo que el reino del Sur fue tomado en cautiverio por Nabucodonosor, rey de Babilonia. Al leer estos versículos, subraya la frase *pero ustedes no escucharon*[1] con un bolígrafo rojo. (Si no tienes uno rojo, usa cualquier color). También haz una lista de las verdades que aprendas de estos versículos. Asegúrate de responder las siguientes preguntas en tu lista:

- ¿Escucharon a Jeremías los hijos de Israel? ¿Obedecieron a lo que Dios les dijo por medio de él?

- ¿A quién dijo Dios que enviaría contra ellos para destruirlos y dejar su tierra desolada?

- Según al versículo 9, ¿cómo describe Dios a Nabucodonosor, rey de Babilonia?

- ¿Qué propósito cumplió Nabucodonosor para Dios?

- ¿Cuánto tiempo servirían los hijos de Israel al rey de Babilonia?

- Cuando llegó el fin del cautiverio, ¿Qué dijo Dios que haría con el rey de Babilonia?

ᨑᨀᨀᨆ

CUARTO DÍA

Hemos visto la ley que los israelitas no obedecieron. Hemos visto el castigo que Dios se vio forzado a aplicar y hemos visto a quién iba a usar Dios para disciplinar a Su pueblo escogido. Hoy veamos cómo Nabucodonosor, el siervo de Dios, ejecutó el juicio de Dios.

Lee 2 Crónicas 36:11-21. En tu cuaderno de notas, responde a las siguientes preguntas:

   ᨆ ¿Qué aprendes acerca de Dios en este pasaje?

   ᨆ ¿Qué aprendes acerca de Zedequías, el rey, todos los oficiales de los sacerdotes y del pueblo?

   ᨆ ¿Qué sucedió con la casa de Dios, todos sus artículos y el muro de Jerusalén?

   ᨆ ¿Qué sucedió con aquellos que escaparon a la espada?

ᨑᨀᨀᨆ

QUINTO DÍA

Obviamente, los hijos de Israel desobedecieron muchas de las ordenanzas, estatutos y leyes de Dios, pero específicamente desobedecieron a una relacionada con el tiempo de reposo de la tierra. Durante 490 años, ellos no permitieron que la tierra descansara cada siete años, así que el tiempo acumulado para el descanso de la tierra era de 70 años. Dios envió a Su pueblo al cautiverio babilónico para cobrar lo que debían. Pero, ¿qué sucedería cuando transcurrieran los 70 años? ¿Qué haría Dios entonces?

Hoy, lee Jeremías 29:1-14. En tu cuaderno de notas, haz una lista de las promesas de Dios en estos versículos y responde lo siguiente:

∾ ¿Qué les promete Él a aquellos que lo buscan?

∾ ¿Ha terminado Dios su obra con los hijos de Israel?

∾ ¿Qué les dice que hagan aún en medio de su tiempo de castigo?

∾ ¿Tiene un plan futuro para ellos?

∾ Una vez que el castigo por el pecado haya terminado, ¿cuál es el deseo de Dios para sus hijos?

Ahora piensa en cada una de estas preguntas y aplícalas personalmente a tu relación con Dios. Por ejemplo, ¿qué te promete Dios si lo buscas? Si tú pecas y desobedeces a Dios, ¿ha terminado su obra contigo? ¿Tienes que orar a Dios en medio de tu castigo? ¿Te abandona Él durante este tiempo de castigo? ¿Tiene Dios un plan futuro para ti? ¿Desea Él tu restauración?
A la luz de lo que has aprendido de la Palabra de Dios, si tú pecas, ¿todo ha terminado? ¿Cuál es tu parte?

∾∾∾

Sexto Día

Hoy, lee Isaías 44:24-45:7. Marca toda referencia a Ciro, de manera distinta, dibujando un círculo alrededor de su nombre y de cualquier pronombre que se refiera a él. Observa lo que aprendes acerca de él. ¿Qué hará Ciro? Haz una lista de estos hechos en tu cuaderno de notas.

¡Isaías habló esta profecía con relación a Ciro 175 años antes de que naciera! ¡Dios estaba levantando otro siervo para que cumpliera Su voluntad en la historia del hombre! En el año 539 a.C., Ciro, rey de Persia y Darío el medo, conquistaron a Nabucodonosor, rey de Babilonia y crearon el marco para la liberación de los hijos de Israel.

Con toda la información que has obtenido esta semana acerca del contexto histórico, lee 2 Crónicas 36:22-23 y Esdras 1:1-4. Ahora puedes ver que Esdras es una continuación de la historia de los hijos de Israel, el pueblo escogido por Dios.

Para terminar la tarea de hoy y de esta semana, necesitas hacer más de una cosa. Regresa al primer día y revisa las preguntas obtenidas del capítulo 1 de Esdras, para ver si respondiste a todas. Revisa tus listas en tu cuaderno para ver las respuestas.

SÉPTIMO DÍA

Para guardar en tu corazón: Jeremías 29:11.

Para leer y discutir: Esdras 1; Levítico 25:1-7; 26:27-35, 40-43; Jeremías 29:10-14; Isaías 44:24-45:7.

PREGUNTAS PARA LA DISCUSIÓN O ESTUDIO INDIVIDUAL

∞ ¿Quién tomó el reino del Norte en cautiverio? ¿En qué año ocurrió?

∞ ¿Cuáles fueron las fechas de las tres etapas del cautiverio babilónico?

∞ ¿Cuánto tiempo duró el cautiverio babilónico? ¿Bajo qué etapa comenzó el tiempo del cautiverio?

∞ En Levítico 25:1-7, ¿qué dijo Dios a los hijos de Israel que hicieran con la tierra que les había prometido y estaban por entrar?

∞ Según Levítico 26:27-35, ¿qué dijo Dios que haría si los hijos de Israel desobedecían esta ordenanza? ¿Qué te hará Dios si desobedeces Sus ordenanzas?

✿ Según Jeremías, ¿cuánto tiempo duraría el cautiverio? ¿Qué iba a hacer Dios al final de este período de tiempo?

✿ ¿Cumplió Dios la profecía de Jeremías acerca de la destrucción de Jerusalén?

✿ ¿Qué aprendiste acerca del carácter de Dios en Levítico 26:40-43? ¿Qué debía hacer el pueblo de Judá por el pecado de desobediencia? ¿Qué debes hacer tú si pecas?

✿ En Jeremías 29:10-14, ¿qué prometió Dios a los hijos de Israel que haría al final de los 70 años de cautiverio? ¿Qué clase de planes tiene Dios para Sus hijos? En estos versículos Dios promete que cuando lo buscan, Él los "escuchará". ¿Cómo se compara esto con lo que ellos no hicieron cuando Dios envió a Sus profetas? ¿Estás escuchando a Dios?

✿ Cuando leíste Isaías 44:24-45:7, ¿qué aprendiste acerca de Ciro? ¿Cuándo fue dada esta profecía a Isaías? ¿Cuándo conquistó Babilonia, Ciro, el rey de Persia? ¿Cuántos años hay entre estos dos eventos?

✿ Según el capítulo 1 de Esdras, ¿hizo Dios lo que dijo que haría, cuando Él dijo que lo haría?

✿ ¿Cuáles son las consecuencias de la desobediencia?

✿ ¿Disciplina Dios a aquellos que desobedecen? ¿Viene siempre su disciplina inmediatamente después del acto de desobediencia?

✿ ¿Todavía disciplina Dios a Sus seguidores que desobedecen? ¿A quién podría usar Él en Su disciplina? ¿A creyentes, no creyentes o ambos?

PENSAMIENTO PARA LA SEMANA

Dios nos ha dado la Biblia para que sepamos sus mandamientos, estatutos, ordenanzas y leyes. ¡Si conocemos Su Palabra, podemos obedecerla! Mientras más conozcamos y entendamos Sus principios y preceptos, seremos más capaces de tomar las decisiones correctas. Nuestra responsabilidad es conocer Su Palabra, decidir confiar en Él, en lo que dice y escoger obedecerle en lo que nos dice que hagamos.

Dios también nos ha dado el Espíritu Santo para guiarnos y enseñarnos todas las cosas. Dios nos ha dado todo lo que necesitamos para que sepamos lo que Él quiere que hagamos, pensemos y digamos. Nuestro problema es que a veces tomamos malas decisiones. A veces es porque no conocemos algo mejor. A veces es porque queremos hacer lo que es correcto a nuestros ojos. Sabemos qué hacer, pero decidimos no hacerlo. A veces, no "escuchamos" Su voz o a los mensajeros que Él nos envía.

Dios recorrerá largas distancias para hacernos regresar al punto de la obediencia. A veces Él usa a personas no creyentes para cumplir Su voluntad. Nos ama lo suficiente para crear y destruir a reyes y reinos y aun movernos de un lugar a otro, si eso es lo que nos hará escucharlo. Él cumple fielmente con su parte. Él desea tener comunión con nosotros... cualquiera que sea el costo de nuestra parte o la Suya. Su deseo es que confesemos nuestro pecado, cambiemos nuestra manera de pensar en lo que hemos hecho, dejemos ese tipo de comportamiento y regresemos a una vida de obediencia. Aun cuando hayamos tomado la decisión incorrecta, todavía podemos tomar la correcta.

LIBRES PARA REGRESAR

ໝ ໝ ໝ ໝ

Dios había prometido castigar por la desobediencia, restaurar cuando se hubiera obtenido la restitución y liberar a los hijos de Israel del cautiverio babilónico, el yugo de Su castigo. Él había hablado a través de Su mensajero Isaías acerca de esta promesa, aproximadamente unos 150 años antes de que ocurriera la liberación.

Se habían prometido setenta años de cautiverio, pero no se permitiría ni un segundo más a los 70 años. Así como Él lo prometió, el tiempo llegó... el tiempo de regresar a casa. Ahora Él comienza a restaurar a Su pueblo para una relación completa e íntima con Él.

ໝ ໝ

PRIMER DÍA

Comienza tu estudio esta semana leyendo Esdras 1:1-4. Estos cuatro versículos forman la primera de siete cartas que se encuentran en el libro de Esdras. Mientras leas esta carta, marca de manera distinta la palabra *casa*² (refiriéndose a la casa de Dios). Generalmente usamos un bolígrafo color púrpura y un símbolo que parece una casa (como esta 🏠 casa) sobre cada referencia. En tu cuaderno de notas comienza haciendo una lista de lo que aprendes acerca de la CASA DE DIOS. Asegúrate de dejar un espacio para que puedas añadir a esta lista conforme avances en la lectura del libro. Se menciona en cada capítulo y por lo tanto, se considera una "palabra clave" de este libro. Las palabras clave son palabras que simplemente se repiten una y otra vez en un libro. Esta repetición normalmente significa que se trata de un asunto importante.

Lee estos versículos de nuevo, pero esta vez marca cada mención de *Jerusalén*. Nosotros usamos un bolígrafo verde (por la hierba, árboles) y marcamos con doble línea debajo de todos los lugares en la Biblia, así podemos ver rápidamente dónde ocurre el evento, a dónde se dirige la persona o de dónde es la persona.

En tu cuaderno de notas, bajo el título LA PRIMERA CARTA DE ESDRAS, escribe solamente los puntos principales de esta carta. Haz las seis preguntas como las siguientes:

◈ ¿Quién escribió la carta? ¿A quién se la escribió?

◈ De acuerdo a Esdras, ¿por qué hacía Ciro lo que estaba haciendo (versículo 1)?

◈ De acuerdo a la perspectiva de Ciro, ¿por qué hacía lo que estaba haciendo (versículo 2)?

◈ ¿Cuándo escribió la carta? (Usa las palabras del texto).

◈ ¿Qué se les instruyó a los sobrevivientes que hicieran?

∽∾

Segundo Día

Hoy, lee Esdras 1:5-11. Nuevamente marca toda referencia a la *casa del Señor*[3].

Según el versículo 5, ¿qué hizo Dios para que el pueblo quisiera regresar? Ahora, regresa al versículo 1. ¿Qué le hizo Dios a Ciro? ¿Qué haría Dios si quisiera que tú o un rey haga algo? ¿Qué quería Dios que hiciera el pueblo de Israel a su regreso a Jerusalén?

Lee estos versículos una vez más y haz una lista en tu cuaderno de notas de lo que el pueblo les dio a aquellos que regresaron a Jerusalén. También haz una lista de lo que Ciro les dio. ¿Puedes imaginarte de qué forma sería transportado todo esto de regreso a Jerusalén?

Finalmente, anota el tema principal del capítulo 1 en el cuadro del PANORAMA GENERAL DE ESDRAS en la página 66. Un tema es simplemente la idea, punto o enseñanza principal que el autor quiere destacar en el capítulo. ¿Cuál crees que es el tema principal del capítulo 1? Escríbelo en la línea designada para el capítulo 1. Cuando termines este cuadro, podrás ver los temas o enseñanzas principales que encontraste en todo el libro de Esdras, capítulo por capítulo. También añade al cuadro cualquier otra información que hayas aprendido hasta este punto.

Tercer Día

A menudo nos encontramos con listas de nombres en la Biblia. Hay cuatro de esas listas en el libro de Esdras. Muchas veces sólo se les da una ojeada, pero no se leen por completo. Sin embargo, como parte de tu tarea hoy, lee Esdras 2:1-67. Cuando leas esta lista de nombres, subraya los diferentes "grupos" de exiliados que estaban regresando. Por ejemplo, el primer grupo que se menciona se encuentra en los versículos 2-39, *los hombres del pueblo de Israel* y luego, en el versículo 40, *los levitas*; versículo 41, *los cantores*, etc.

Al leer los versículos 68-70, haz las preguntas quién, qué, cómo, cuándo, dónde y por qué. Asegúrate de encontrar las respuestas a las preguntas tales como: ¿Dónde residieron todos los exiliados después de su regreso? ¿Qué más dieron los exiliados para la reconstrucción del templo?

Nuevamente, tal como hiciste con el capítulo 1, resume el capítulo 2 y en tu cuadro del PANORAMA DE ESDRAS en la página 66, haz en una oración un breve resumen que exprese el tema principal.

⍋⍋⍋

CUARTO DÍA

El resto de la semana dedicarás tu tiempo al tercer capítulo de Esdras. Lee este corto capítulo y marca toda referencia a *casa* (incluye *templo*). Añade lo que aprendes a tu lista en tu cuaderno de notas.

Las referencias al tiempo son muy importantes, especialmente cuando tratas de establecer la secuencia cronológica de los eventos. Es imprescindible entender cuando ocurrieron los eventos relacionados con el templo. Lee el capítulo 3 nuevamente. Esta vez, busca las referencias al tiempo. Por ejemplo, un día, mes o año específico que se mencione. Marca estas referencias de manera específica, tal vez usando un círculo como el que ves aquí: ◯. En tu cuaderno de notas, haz una lista de las referencias al tiempo y los eventos que ocurrieron en cada período de tiempo.

Si no marcaste la Fiesta de los Tabernáculos de la misma manera que lo hiciste con las otras referencias a tiempo, regresa y márcala ahora. La Fiesta de los Tabernáculos era una fiesta que celebraba la liberación de los hijos de Israel de Egipto. Era un recordatorio de que Dios había alojado al pueblo en tiendas y había vivido entre ellos en una tienda propia, la "Tienda de Reunión", que era parte del tabernáculo portátil que estudiamos el primer día de la primera semana. Esta fiesta, como las otras que encontrarás mencionadas a lo largo de la Biblia, se celebraba en un día específico del mes, cada año. Observa el cuadro de LAS FIESTAS DE ISRAEL en las páginas 40-41. Estudia la columna de la "Fiesta de los Tabernáculos" y anota en el margen de tu Biblia cuándo debía celebrarse esta fiesta anualmente.

Ahora lee los versículos 1, 4 y 6, de nuevo fíjate qué mes es.

Quinto Día

Hoy, lee el capítulo 3 nuevamente. Esta vez marca de manera distinta toda referencia a *el pueblo*. (Tal vez podrías usar un símbolo como éste: **pueblo**). En tu cuaderno de notas, haz una lista de todo lo que aprendes acerca de ellos en tu lista titulada EL PUEBLO DE LA TIERRA. Asegúrate de incluir a sus líderes.

Sexto Día

Lee Esdras 3:10-13. El remanente que regresó a reconstruir el templo tuvo un culto de celebración después de que completaron los cimientos. Lee estos versículos otra vez. En tu cuaderno de notas, haz una lista de lo que aprendes acerca de este culto de celebración bajo el título EL CULTO DE CELEBRACIÓN. Al hacer tu lista, fíjate en las dos diferentes respuestas que se dieron a la terminación de los cimientos. ¿Por qué hay dos respuestas?

Después de completar tu estudio del capítulo 3, anota el tema principal de este capítulo en tu cuadro del PANORAMA GENERAL DE ESDRAS.

SÉPTIMO DÍA

Para guardar en tu corazón: Esdras 3:11a: "Y cantaban, alabando y dando gracias al Señor: Porque Él es bueno, porque para siempre es su misericordia sobre Israel".

Para leer y discutir: Esdras 3:1-13.

PREGUNTAS PARA LA DISCUSIÓN O ESTUDIO INDIVIDUAL

➣ ¿Dónde debía reconstruirse la casa o el templo de Dios?

➣ Entre los hijos de Dios, ¿estaba alguien exento de regresar y participar en la reconstrucción del templo? ¿Regresaron todos a Jerusalén a ayudar en el proyecto de reconstrucción? ¿Por qué crees que algunos no regresaron?

➣ Según lo que aprendiste esta semana en 1:1 y 1:5, ¿qué hace Dios si Él quiere que tú hagas algo? ¿Ha movido tu espíritu para que hagas algo? ¿Lo has hecho?

➣ ¿Es un principio bíblico ofrendar para la obra de Dios? ¿Cuánto dio cada persona? ¿Estás dando para la obra de Dios? ¿Cuánto debes dar?

➣ ¿Puede una bendición de Dios causar cierto grado de sufrimiento en ti cuando aceptas la responsabilidad adicional que te trae la bendición? ¿De dónde viene la fortaleza para llevar a cabo esa responsabilidad adicional?

➣ ¿Quién fue designado para supervisar el trabajo en el templo?

∾ Quiénes eran los dos líderes de los exiliados que se mencionan en Esdras 3?¿Quién fue el líder espiritual? ¿Quién de ellos habría sido el líder gubernamental? ¿Por qué dices eso?

∾ Dios mandó a los hijos de Israel a guardar ciertas fiestas. En el capítulo 3, ellos celebraron la Fiesta de los Tabernáculos. ¿Qué te muestra esto acerca de su actitud en cuanto a obedecer los mandamientos de Dios? ¿Cuál fue la razón para que fueran llevados al cautiverio en primer lugar? ¿Ves algún cambio en su actitud de lo que fue antes del cautiverio? Explica lo que quieres decir.

∾ ¿Por qué lloraban algunos en alta voz y otros gritaban de alegría?

PENSAMIENTO PARA LA SEMANA

Durante 70 años los hijos de Israel, separados de su templo, no habían celebrado las fiestas. Las consecuencias de su desobediencia habían durado por una generación. Dios había iniciado su liberación. Finalmente, estuvieron en casa. ¡Puedes imaginarte cómo fue cuando finalmente vieron en la distancia la Tierra Prometida que una vez poseyeron! Sin embargo, por el otro lado, que vista tan desgarradora para las generaciones anteriores al tener que pararse en las ruinas del magnífico templo de Salomón. El pecado es muy costoso. No sólo afecta al individuo, sino también afecta a la comunidad donde él vive.

Los hijos de Israel habían pagado el precio de su desobediencia... separación. La separación de la familia, amigos, sus hogares, su tierra y aun más importante, la separación de la adoración a Dios. El pecado tiene el mismo efecto en los creyentes hoy en día.

LAS FIESTAS DE ISRAEL

	Mes 1 (Nisán) Fiesta de la Pascua				Mes 3 (Siván) Fiesta de Pentecostés
Esclavos en Egipto	Pascua	Pan sin Levadura	Las Primicias		Pentecostés o Fiesta de las Semanas
	Se mata el cordero y se pone su sangre en el dintel Éxodo 12:6, 7	Limpieza de todo lo leudado (símbolo del pecado)	Ofrenda de la gavilla mecida (promesa de la cosecha futura)		Ofrenda mecida de dos panes con levadura
	Mes 1, día 14 Levítico 23:5	Mes 1, día 15 durante 7 días Levítico 23:6-8	Día después del día de reposo Levítico 23:9-14		50 días después de las primicias Levítico 23:15-21
Todo el que comete pecado es esclavo del pecado	Cristo, nuestra Pascua, ha sido sacrificado	Limpien... la levadura vieja... así como lo son, sin levadura	Cristo ha resucitado... las primicias	Se va para que venga el Conso- lador	Promesa del Espíritu, misterio de la iglesia: Judíos y Gentiles en un solo cuerpo
				Monte de los Olivos	
Juan 8:34	1 Corintios 5:7	1 Corintios 5:7, 8	1 Corintios 15:20-23	Juan 16:7 Hechos 1:9-12	Hechos 2:1-47 1 Corintios 12:13 Efesios 2:11-22

Meses: Nisán — *Marzo, Abril* • **Siván** — *Mayo, Junio* • **Tisri** — *Septiembre, Octubre*

<table>
<tr><td></td><td colspan="3" align="center">**Mes 7 (Tisri)**
Fiesta de los Tabernáculos</td><td></td></tr>
<tr><td></td><td align="center">Fiesta de las
Trompetas *(shofar)*</td><td align="center">Día de la expiación</td><td align="center">Fiesta de los
Tabernáculos</td><td></td></tr>
<tr><td></td><td></td><td></td><td></td><td></td></tr>
<tr><td>**Intervalo
entre
las fiestas**</td><td align="center">*Al son de trompetas (shofar) –
una santa convocación*</td><td align="center">*Se debe hacer expiación
para ser limpios*
Levítico 16:30</td><td align="center">*La celebración de la
cosecha conmemora los
tabernáculos en el desierto*</td><td></td></tr>
<tr><td></td><td align="center">Mes 7,
día 1
Levítico 23:23-25</td><td align="center">Mes 7,
día 10
Levítico 23:26-32</td><td align="center">Mes 7, día 15, durante 7 días,
día 8, santa convocación
Levítico 23:33-44</td><td></td></tr>
<tr><td></td><td align="center">Retorno de Judíos a Israel
en preparación para el
último día de expiación
Jeremías 32:37-41</td><td align="center">Israel se arrepentirá
y mirará al Mesías
en un solo día
Zacarías 3:9, 10;
12:10;13:1;14:9</td><td align="center">Las familias de la
tierra irán a
Jerusalén a celebrar
la fiesta de los
Tabernáculos
Zacarías 14:16-19</td><td align="center">Cielo
nuevo y
tierra
nueva

El
Taber-
náculo
de Dios
con los
hombres
Apocalipsis
21:1-3</td></tr>
<tr><td></td><td></td><td align="center" colspan="2">La
Venida
de
Cristo</td><td></td></tr>
<tr><td></td><td align="center"></td><td align="center"></td><td align="center"></td><td></td></tr>
<tr><td></td><td align="center">Ezequiel 36:24</td><td align="center">Ezequiel 36:25-27
Hebreos 9, 10
Romanos 11:25-29</td><td align="center">Ezequiel 36:28</td><td></td></tr>
</table>

Israel tenía dos cosechas cada año — primavera y otoño

Pero después Dios cambió toda la historia para liberar a Su pueblo. Ellos habían pagado su deuda. Dios no los destruyó ni los rechazó. Cuando fue el tiempo indicado, Él vino por lo Suyo. Él movió los corazones de aquellos que necesitaba para llevar a cabo Su plan. Lo que hubiera que hacer, Dios lo llevó a cabo. Él hará lo mismo por ti.

Cuando los hijos de Israel llegaron a casa, ellos cambiaron su manera de pensar y hubo un cambio en su corazón. La disciplina de Dios les trajo algunos cambios positivos en sus vidas. A pesar de que estaban asustados del pueblo de la tierra, ellos todavía obedecieron a Dios al celebrar sus fiestas, ofrendar y celebrar sus cultos de dedicación, abierta y públicamente. Estaban obligados a confiar en Él en cualquier protección que necesitaran. No tenían ejército. Anteriormente, el enemigo había sido usado como un instrumento de castigo en las manos de un Dios santo; pero ahora, esta vez, la mano de Dios mantuvo a sus enemigos a la distancia.

Él es un Dios maravilloso. Él hará por nosotros más de lo que podemos pedir o pensar. Simplemente debemos confiar en Él y obedecerle, haciendo lo que Él quiere que hagamos. En verdad, Él es el ¡Gran Redentor! No podemos escapar de Él, ¡aún en cautiverio!

CÓMO SUPERAR
EL TEMOR, DESÁNIMO
Y FRUSTRACIÓN

ౚౚౚౚ

¿De dónde viene el temor? ¿Por qué el pueblo de Dios tiene que tratar con el desánimo así como aquellos que no tienen una relación con Dios? ¿Por qué aquellos que sirven a Dios con la más pura dedicación y devoción enfrentan frustración casi diariamente y a cada momento?

La filosofía del enemigo es: "¡si no puedes unirte a ellos, golpéalos!" Si quieres saber lo que el enemigo hace en su intento de evitar que hagas lo que Dios te ha mandado hacer... entonces continúa este estudio.

ౚౚ

PRIMER DÍA

Esta semana estudiarás los capítulos 4 y 5. Comienza hoy leyendo todo el capítulo 4, marcando *casa* (también *templo*) de la misma manera que lo hiciste en los capítulos anteriores. No olvides agregar lo que aprendes acerca de la casa de Dios a tu lista en tu cuaderno de notas.

Lee Esdras 4:4-7. Haz una lista de los cuatro reyes que se mencionan en estos versículos. Subraya los nombres de estos reyes en el texto.

ṢEGUNDO 𝒟ÍA

Tu primera tarea para hoy será leer Esdras 4:1-5. Al hacerlo, marca de manera distinta *los enemigos de Judá y Benjamín*[4] (llamados también *el pueblo de aquella tierra*[5]). Usa un bolígrafo negro y dibuja una nube como ésta: alrededor de cada referencia. Recuerda también marcar de la misma manera, cualquier pronombre que se refiera a ellos. No olvides hacer las seis preguntas básicas acerca de estos pueblos. Nuevamente, añade lo que aprendas acerca de ellos a tu lista EL PUEBLO DE LA TIERRA que empezaste la semana pasada.

Ahora regresa y lee Esdras 3:3 para aprender cómo reaccionaron los israelitas al pueblo de la tierra. Añade esta observación a tu lista.

De los versículos 4 y 5, ¿Cuáles fueron las tres cosas que hizo el pueblo de la tierra a los hijos de Israel? (estas tres cosas deben estar ya en tu lista, si no lo están, agrégalas).

De acuerdo a los versículos 5, 6 y 7 ¿cuánto tiempo duró esta intimidación (durante el reinado de cuántos reyes)?

ṬERCER 𝒟ÍA

Ahora hay algo muy, muy importante que necesitas estar seguro de ver en el texto de Esdras 4. Si observas Esdras 4, verás que *casa* (o *templo*) se marca en los versículos 1-5 y nuevamente en el versículo 24, pero no se menciona del todo en los versículos 6-23. Esto es porque Esdras 4:6-23 es un paréntesis que interrumpe el orden cronológico de este capítulo. En otras palabras, el orden cronológico de Esdras 4 es versículos 1-5 y después el versículo 24. En tu Biblia puedes dibujar algunas líneas rectas hacia los márgenes de estos versículos, tales como: | |. Esto te ayudará a localizar fácilmente estos versículos y también a recordar que éste es un paréntesis y que hay un cambio de tiempo aquí.

Omite el paréntesis de Esdras 4:6-23 y lee 4:1-5 y 24. Al leer, recuerda que la enseñanza principal de estos versículos es acerca de la casa de Dios. Mañana estudiarás Esdras 4:6-23 que es lo que está dentro del paréntesis.

La mayoría de eruditos creen que Ciro, el rey de Persia, conquistó el imperio babilónico en el otoño del año 539 a.C. Los exiliados regresaron a Israel en el año 538 a.C. Ahora, según los cálculos de los judíos, el primer año de su venida debió haber concluido en algún momento del año 537 a.C. y el segundo año de su venida, sería en algún momento del año 536 a.C. La semana pasada aprendiste en tu estudio del capítulo 3, que según el versículo 8, el trabajo en el templo empezó "en el segundo año de su regreso a la casa de Dios en Jerusalén, en el segundo mes", lo cual debió haber sido en el año 536 a.C.

Ahora, según el versículo 4:24, ¿cuáles dos eventos importantes relacionados al templo ocurrieron? Asegúrate que estas verdades estén en tu lista de "Casa de Dios". Si no lo están, añádelas. Según Esdras 4:1-5, ¿cuál fue la causa para que el trabajo cesara? De acuerdo al cuadro LA ÉPOCA DE ESDRAS, NEHEMÍAS Y ESTER en la página 46 ¿en qué año cesó el trabajo en el templo (la casa de Dios)? Añade esta fecha a tu lista de "casa" y escribe el año en el margen al lado de Esdras 4:24. Ahora debes tener tres fechas relacionadas a la construcción del templo: Una cuando el trabajo empezó, otra cuando el trabajo cesó y otra cuando el trabajo reinició.

Lee 4:4-7 de nuevo, mira si puedes entender por qué Esdras incluyó este paréntesis en este capítulo. Recuerda el contexto y la línea de pensamiento a lo largo de estos

LA ÉPOCA DE ESDRAS, NEHEMÍAS Y ESTER

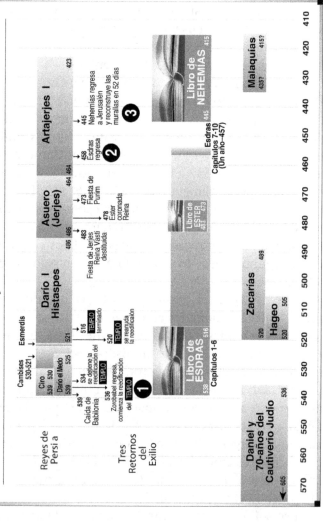

Reyes de Persia

Cambises 530-521

Esmerdis

Ciro 539 · 530
Darío el Medo 539 · 525

Darío I Histaspes 486 · 521

Asuero (Jerjes) 464 · 486

Artajerjes I 423 · 464

Tres Retornos del Exilio

539 Caída de Babilonia

536 Zorobabel regresa, comienza la reedificación del TEMPLO ❶

534 se detiene la reedificación del TEMPLO

516 TEMPLO terminado

520 TEMPLO se reanuda la reedificación

483 Fiesta de Jerjes Reina Vasti destituida

478 Ester coronada Reina

473 Fiesta de Purim

458 Esdras regresa ❷

445 Nehemías regresa a Jerusalén y reconstruye las murallas en 52 días ❸

Daniel y 70-años del Cautiverio Judío 605 · 536

Libro de ESDRAS 538 · 516
Capítulos 1-6

Hageo 520 · 505

Zacarías 520 · 489

Libro de ESTER 483 · 473

Esdras Capítulos 7-10 (Un año—457)

Libro de NEHEMÍAS 445 · 415

Malaquías 435? · 415?

570 560 550 540 530 520 510 500 490 480 470 460 450 440 430 420 410

versículos. ¿Estaba Esdras tratando de señalar cuánto tiempo continuaron las intimidantes tácticas de temor, desánimo y frustración de *el pueblo de aquella tierra* contra el pueblo de Dios, durante el reinado de Ciro, el de Darío, el de Asuero y el reinado de Artajerjes? Si así fue, entonces esto explicaría por qué Esdras insertó el paréntesis aquí. Él quería mostrar qué estaba haciendo *el pueblo de aquella tierra* para desanimar, atemorizar y frustrar a los hijos de Israel.

CUARTO DÍA

Ahora lee la porción de Esdras 4:6-23 que se encuentra dentro del paréntesis. Al hacerlo, marca las palabras *ciudad* y *muralla*[6], cada una de manera diferente. ¿Es obvio ahora? Esdras está hablando acerca de la ciudad y las murallas en estos versículos y estaba hablando del templo en los versículos 1-5 y 24. El cuadro LA ÉPOCA DE ESDRAS, NEHEMÍAS Y ESTER que observaste ayer también te ayuda a ver que es un paréntesis en el tiempo. Los dos reyes, Asuero (Jerjes) y Artajerjes, reinaron *después* de que el trabajo en el templo comenzó, cesó y fue reanudado.

Ahora en tu cuaderno de notas, bajo los títulos LA SEGUNDA CARTA DE ESDRAS (4:11-16) y LA TERCERA CARTA DE ESDRAS (4:17-22), brevemente haz una lista de los puntos principales de cada uno de estos documentos. Haz las 6 preguntas básicas al hacer estas listas. Asegúrate de incluir las respuestas a las siguientes preguntas:

ꙮ Según esta carta al rey Artajerjes, ¿qué estaban reconstruyendo los hijos de Israel?

ꙮ ¿Hay alguna referencia a la reconstrucción del templo en estos versículos?

Ahora que tienes un mejor entendimiento de lo que tratan los versículos 6-23, ¿qué trabajo crees que se detuvo a la fuerza de las armas, trabajo en el templo o trabajo en la ciudad y los muros de la ciudad?

Examina el capítulo 4 y haz un resumen del mensaje principal, anotando el tema del capítulo en la línea apropiada dentro del cuadro PANORAMA GENERAL DE ESDRAS, en la página 66.

Quinto Día

Tu primera tarea para hoy es leer Esdras 5:1-5 y marcar *casa* de la misma manera que lo hiciste en los capítulos anteriores. También marca los sinónimos *templo*, *estructura* y *edificio*. Añade lo que aprendes a tu lista CASA DE DIOS en tu cuaderno de notas.

Lee estos versículos de nuevo, esta vez marca la palabra *orden* de manera distinta.

Ahora regresa al cuadro LA ÉPOCA DE ESDRAS, NEHEMÍAS Y ESTER en la página 46. Encuentra a los dos profetas Hageo y Zacarías en el cuadro y observa las fechas en que profetizaron. También localiza a Darío, rey de Persia y observa las fechas de su reinado. Según 4:24, el trabajo del templo comenzó otra vez *en el segundo año de Darío, el rey de Persia*. Si no lo has hecho antes, anota el año en el margen de tu Biblia junto a Esdras 4:24. ¿Por cuánto tiempo se dejó de trabajar en el templo?

Lee 5:1-5 otra vez, respondiendo estas preguntas:

a. ¿Quién fue el gobernador de la provincia más allá del río?

b. ¿Qué pregunta hizo a los hijos de Israel?

c. ¿Se detuvo el trabajo en el templo?

d. ¿Por qué no?

SEXTO DÍA

Lee 5:16-17 y marca *casa, templo* o *estructura* y *orden*, de la misma manera que lo hiciste anteriormente. Añade a tu lista cualquier cosa nueva que aprendas.

Nuevamente, existen siete cartas o documentos escritos que se encuentran en el libro de Esdras. A excepción de la primera, todas fueron escritas en arameo, el idioma internacional de esos tiempos. La primera carta (1:2-4), escrita por Ciro, estaba en hebreo. Has visto y estudiado las tres primeras cartas o documentos en 1:2-4; 4:11-16 y 4:17-22. Las últimas cuatro se encuentran en 5:6-17; 6:2-5, 6-12 y 1:12-26. Recuerda que debido a la porción que se encuentra en paréntesis del capítulo 4, estas cartas no están en orden cronológico. Sin embargo, tú puedes estudiarlas a medida que llegues a cada una de ellas, capítulo por capítulo. Sólo recuerda ese detalle.

Lee 5:6-17, "La cuarta carta de Esdras" de nuevo y haz las 6 preguntas básicas tales como: ¿Quién escribió esta carta? ¿A quién fue dirigida? ¿Qué pregunta hizo Tatnai a los israelitas? ¿Cuál fue su respuesta? Haz una lista de las cosas que aprendes al hacer estas preguntas.

Al concluir tu estudio del capítulo 5, asegúrate de escribir el tema del capítulo en el cuadro del PANORAMA GENERAL DE ESDRAS, en la página 66.

SÉPTIMO DÍA

Para guardar en tu corazón: Esdras 5:5.
Para leer y considerar: Esdras 4-5.

PREGUNTAS PARA LA DISCUSIÓN O ESTUDIO INDIVIDUAL

∾ ¿Qué aprendiste del capítulo 4 acerca del horario de trabajo en la casa de Dios? ¿Alguna vez has empezado algo que Dios te dijo que hicieras y lo has suspendido por alguna razón? ¿Has vuelto a trabajar otra vez? Si no, ¿qué deberías hacer?

∾ ¿Cómo se refirió Esdras al pueblo de la tierra? ¿Por qué se refirió a ellos de esa manera? ¿Qué estaban impidiendo que hicieran los hijos de Israel? ¿Qué puedes esperar si empiezas a hacer la obra de Dios?

∾ ¿Qué trató de hacer el pueblo de la tierra a los hijos de Israel? ¿Cómo respondieron los hijos de Israel a esta intimidación? ¿Cuánto tiempo duró esta intimidación? ¿Por cuánto tiempo tratarán de intimidarte los enemigos de Dios si estás haciendo su obra?

∾ ¿Qué profetas usó Dios para que los exiliados regresaran a trabajar en el templo de nuevo? ¿Está usando Dios esta situación para que tú vuelvas a hacer algo que te dijo que hicieras en el pasado?

∾ ¿Qué aprendiste en el capítulo 5 acerca del ojo de Dios hacia los hijos de Israel? ¿Por qué estaba Dios a favor de los judíos esta vez? ¿Cómo te considera Dios a ti hoy? ¿Por qué?

PENSAMIENTO PARA LA SEMANA

El temor muchas veces puede venir por no saber, por falta de conocimiento. No saber lo que va a pasar en los días futuros. No saber lo que pasa actualmente. No saber de dónde vendrán los ingresos. No saber los resultados del examen médico, de la tomografía, la resonancia magnética, el examen de sangre, la biopsia. Las incertidumbres pueden dominar y gobernar la vida de una persona.

¿Tenemos que tener todas las respuestas? ¿Debemos tener todos los por qué respondidos antes de que podamos acudir a Dios? ¿Es "fe ciega" dar pasos sin tener todas las respuestas? No. La fe no es confiar en que tu entiendes las circunstancias. La fe es confiar en Su Palabra, creer que si Dios te dijo que lo hicieras, así sucederá y Él proveerá lo que necesites para hacer que esto ocurra.

De seguro los enemigos de Dios usarán el temor, desánimo y frustración para acabar con aquellos que están siguiendo a Dios en obediencia. Nosotros, como los exiliados, debemos mantener nuestro enfoque en la tarea que Dios nos ha asignado y resistir la tentación de adoptar el sistema del mundo para nuestras tareas, sólo por conveniencia. Muchas veces las ofertas son muy atractivas. Cuando cedemos a esos bocados tentadores, podemos estar seguros que esto no terminará ahí. Cualquier cosa que pueda hacer el enemigo para detener el trabajo de Dios, él no reparará en gastos. Él te paralizará con temor del futuro. Él puede hacer que pierdas el ánimo y no tengas deseo de continuar con eventos desalentadores. Él enviará a tu alrededor a aquellos que engañosamente te darán malos consejos que resultarán en fracaso tras fracaso, hasta que tu nivel de frustración llegue a la cumbre.

Lo importante no es entender tus circunstancias, sino entender a Dios y lo que Él te ha dicho que hagas. El enemigo vendrá, tenlo por seguro. La pregunta es: ¿Continuarás bajo la dirección de Dios? Si lo haces, puedes estar seguro que el ojo de nuestro Dios estará sobre ti y que tus enemigos no te impedirán que hagas Su obra.

DIOS, ¿DÓNDE ESTÁS?

∾∾∾∾

¿Qué harías si tu enemigo más temido se acercara a ti y alegremente supliera una necesidad económica en tu vida?

¿Qué harías si un no creyente bien conocido te anima fervorosamente a continuar en tu trabajo con el Señor?

¿Usa Dios a nuestros enemigos y a los no creyentes en nuestras vidas para suplir nuestras necesidades y para ayudarnos a cumplir con Su obra? ¡Veamos qué dice la Biblia al respecto!

∾∾∾

PRIMER DÍA

Hoy, comienza leyendo 6:1-12 que contiene la quinta y sexta carta. Al leer estos versículos, marca *casa* o *templo de Dios* (*la cual*, cuando se refiere a la casa de Dios) y *decreto*[7] (*edicto*[8]), *rollo*[9], agregando a tus listas en tu cuaderno de notas.

Los versículos 1-5 contienen la quinta carta y los versículos 6-12, la sexta. Lee primero la quinta carta (versículos 1-5) y haz las 6 preguntas básicas. Escribe lo que aprendes en tu cuaderno de notas bajo el título LA QUINTA CARTA DE ESDRAS.

Ahora, lee los versículos 6-12 interrogando al texto. Anota lo que aprendes en tu cuaderno de notas bajo el título LA SEXTA CARTA DE ESDRAS. Asegúrate de anotar lo que se le ordenó hacer a Tatnai, lo que se le pidió que proveyera y la penalidad para aquellos que no siguieran esas órdenes. ¿Por qué ordenó Darío que se hiciera esto? En otras palabras, ¿qué quería Darío que hicieran los hijos de Israel para él?

✶✶✶

SEGUNDO DÍA

Lee Esdras 6:13-22 y marca *casa* o *templo* y *decreto*[10]. Añade a tus listas lo que aprendes. Asegúrate de descubrir cuándo fue terminado el templo. Ahora, según el cuadro LA ÉPOCA DE ESDRAS, NEHEMÍAS Y ESTER, ¿en qué año pudo haber sido? Anota el año en tu lista de CASA DE DIOS y en el margen de tu Biblia junto a Esdras 6:15.

Haz una lista de los eventos que siguen a la terminación del templo. Presta especial atención a las fiestas que se celebraron y cuándo ocurrieron (si se dan las fechas). Si lo necesitas, mira el cuadro LAS FIESTAS DE ISRAEL en las páginas 40 y 41 para encontrar estas fechas.

Asegúrate de anotar lo que aprendes acerca de los sacerdotes y de la gente que participó en la fiesta de la Pascua. ¿Cómo fueron descritos? También, ¿cuál fue la causa de su regocijo? ¿Qué más había hecho Dios por ellos?

Ahora revisa el capítulo 6 y en una oración anota el tema principal de este capítulo en el cuadro PANORAMA GENERAL DE ESDRAS en la página 66.

✶✶✶

TERCER DÍA

Para el resto de tu estudio del libro de Esdras, estarás trabajando en lo que se refiere como la "segunda sección" del libro. Esdras está dividido en dos secciones principales:

capítulos 1-6 y capítulos 7-10. Hay un lapso de tiempo de unos 60 años entre el capítulo 6 (el final de la primera sección) y el capítulo 7 (el comienzo de la segunda sección). Los eventos registrados en el libro de Ester ocurrieron entre estas dos secciones de Esdras, durante este período de tiempo de 60 años. La mayoría de eruditos creen que Esdras escribió este libro alrededor del año 450 a.C. Por lo tanto, el escrito verdadero de los eventos en la primera sección del libro de Esdras se hizo casi 100 años después de que realmente ocurrieron.

Hoy comienza tu estudio de esta segunda sección leyendo el capítulo 7. Al hacerlo, marca Esdras de manera distinta. Nota que esta es la primera vez que miras su nombre aparecer en este libro. Recuerda marcar todos los pronombres que se refieran a Esdras (*él, suyo, tu, tus*). También marca los pronombres en primera persona *yo, mi* y *mí*, que se encuentran al final del capítulo. Debido al uso de este pronombre en primera persona, ahora puedes ver por qué se da crédito a Esdras como autor de este libro. Al marcar *Esdras*, haz una lista de lo que aprendes sobre él. Asegúrate de poner atención a la genealogía de Esdras. ¿De qué sacerdote era descendiente Esdras?

᧞

CUARTO DÍA

Lee el capítulo 7 de nuevo, marcando las siguientes palabras y frases clave de la misma manera distintiva en que lo hiciste antes:

casa de Dios[11]
mandamientos (*ley*)
decreto[12]
la mano del Señor su Dios estaba sobre él[13]
cualquier frase relacionada con tiempo

Ahora, con las frases de tiempo en mente, observa el cuadro LA ÉPOCA DE ESDRAS, NEHEMÍAS Y ESTER, ubicado en la página 46 y descubre el año en que Esdras "subió a Jerusalén" (versículo 7). Según Esdras 7:6-10, ¿cuándo dejaron Babilonia Esdras y los hijos de Israel? ¿Qué día, mes y año habrá sido? ¿Cuándo llegaron a Jerusalén? ¿Qué día, mes o año habrá sido? ¿Cuánto tiempo tomó el viaje?

Usando el cuadro LA ÉPOCA DE ESDRAS, NEHEMÍAS Y ESTER, compara la llegada de Esdras a Jerusalén con el tiempo de la llegada de Zorobabel. Observa quién reinaba durante cada tiempo de su ministerio. Ahora puedes ver claramente el lapso de tiempo entre las dos secciones de Esdras.

QUINTO DÍA

Lee Esdras 7:11-26. Ésta es la sexta y última carta o decreto que se encuentra en el libro de Esdras. Haz una breve lista de los puntos principales de esta carta en tu cuaderno de notas, bajo el título LA SÉPTIMA CARTA DE ESDRAS. Anota el tema principal del capítulo 7 en el cuadro del PANORAMA GENERAL DE ESDRAS en la página 66.

SEXTO DÍA

Lee el capítulo 8 marcando todas las palabras clave y referencias a tiempo como lo hiciste en los capítulos anteriores. Añade cualquier observación nueva a las listas correspondientes.

Ahora, llena el cuadro de Esdras en la siguiente página.

Este cuadro te ayudará a organizar las verdades que aprendes acerca de los eventos en la vida de Esdras, a medida que él trae a los exiliados de vuelta a Jerusalén. Después de completar el primer evento, ve a los siguientes en orden consecutivo.

Haz un resumen del capítulo 8 expresando el tema principal de este capítulo en una breve oración y anótala en el cuadro del PANORAMA GENERAL DE ESDRAS. Añade cualquier otra observación que hagas.

ESDRAS, EL LÍDER DE LOS EXILIADOS		
La Cita Bíblica	Lo que hizo Esdras	Los resultados de sus acciones
(8:15-20)		
(8:21-23)		
(8:24-30)		
(8:31-34)		
(8:35-36)		
(9:1-4)		
(9:5-10:4)		
(10:5-44)		

SÉPTIMO DÍA

 Para guardar en tu corazón: Esdras 8:22b.
Para leer y discutir: Esdras 6:6-22; 7:27,28; 8:21-23.

PREGUNTAS PARA LA DISCUSIÓN O ESTUDIO INDIVIDUAL

∾ Según Esdras 5:2, ¿qué comenzaron a hacer los hijos de Israel? (Recuerda esto al responder las siguientes preguntas).

∾ ¿Qué pidió el rey Darío a Tatnai que hiciera? ¿Qué pidió el rey Darío que proveyera Tatnai? ¿Cómo lo iba a hacer Tatnai? ¿Cuál era la penalidad para el que no seguía las órdenes del rey Darío? ¿Cuál fue la respuesta de Tatnai y sus colegas a las órdenes del rey?

∾ ¿Usó Dios a un hombre que deseaba ver la obra de Dios detenida para proveer para Su obra? ¿Podría usar Dios a alguno de tus enemigos, aquellos que les gustaría ver que dejas de trabajar para el Señor, como canales para tu provisión?

∾ ¿Provee Dios lo que se necesita para hacer lo que Él nos pide que hagamos? ¿Está proveyéndote? ¿Estás haciendo lo que Él te ha dicho que hagas?

∾ ¿En qué día, mes y año fue terminado el templo? ¿Por cuánto tiempo estuvo el templo en construcción? ¿Por qué tomó tanto tiempo? ¿Pudo haberse terminado antes? ¿Qué detuvo la construcción? Cuándo fueron liberados del cautiverio, ¿a qué tenían que regresar y hacer los exiliados? ¿Hicieron sin interrupción lo que tenían que hacer y para lo cual se les había librado?

∾ ¿Qué hicieron los exiliados después de que el templo fue terminado? ¿Qué fiestas celebraron los exiliados justo después de haber terminado el templo? ¿Cuándo debían celebrarse esas fiestas? ¿Por qué crees que celebraron estas fiestas?

∾ ¿Cómo se describe a Esdras? ¿Cómo te describirían a ti? ¿En dónde estaba su corazón? ¿En dónde está tu corazón?

∾ ¿Por qué crees que la mano de Dios estaba sobre Esdras? ¿Es evidente que la mano de Dios está sobre ti?

∿ ¿Qué hizo Esdras después que todo el pueblo se reunió junto al río? ¿Por qué? ¿Qué pidió a Dios? ¿Qué hizo Dios? ¿Le pides a Dios por todas tus necesidades? ¿Respondió Dios su oración? ¿Responde Dios tus oraciones?

PENSAMIENTO PARA LA SEMANA

¿Has pensado alguna vez en tus enemigos como una provisión de Dios para ti? ¿Has considerado alguna vez a los no creyentes que están en posición de autoridad, como tus recursos de ánimo para que hagas la obra de Dios?

Al haber estudiado estos capítulos, es sorprendente ver cómo Dios tomó a la propia gente que los hijos de Israel normalmente hubieran evitado y los usó para suplir sus necesidades. ¡Tal vez necesitamos cambiar nuestra perspectiva en cuanto a nuestros enemigos y los no creyentes! ¿Podrían ser de bendición y no de maldición como siempre los vemos?

Dios fue evidente en la vida de Esdras. Todos notaron la diferencia, los creyentes y los no creyentes. ¿Qué hizo la diferencia en la vida de Esdras? ¿Hizo él algo especial para que Dios lo favoreciera? Si así fue, ¿qué hizo y puedes hacerlo tú? Esdras había puesto su corazón en tres cosas: en estudiar la Palabra de Dios, en practicarla y en enseñarla. Si yo pongo mi corazón en estas mismas cosas, ¿estará la mano de Dios sobre mí? ¿Podrá la gente ver que la mano de Dios está sobre mi vida?

¿Cuál es el Costo
Del Pecado?

Alguien dijo una vez que el pecado te llevará más lejos de lo que jamás pensaste llegar, te tendrá más tiempo del que jamás pensaste estar y te costará más de lo que jamás pensaste pagar. Esto lo podemos ver ilustrado en el libro de Esdras.

Primer Día

Lee el capítulo 9 y marca *Esdras* (y cualquier pronombre que se refiera a él, tales como *yo, mí, mi*) y cualquier referencia a *la casa de Dios*. A medida que leas el capítulo 9, marca de manera distinta cualquier otra palabra que se repita que consideres que es clave en este capítulo.

Ahora añade lo que aprendas acerca de Esdras, de los versículos 1-4, al cuadro ESDRAS, EL LÍDER DE LOS EXILIADOS en la columna "Lo que hizo Esdras" página 57. Éstas deben ser oraciones breves de lo que él hizo en reacción a las noticias que acababa de recibir.

Segundo Día

Hoy lee el capítulo 9 de nuevo. Al hacerlo, haz una lista de lo que aprendes acerca del pueblo de Israel. A medida que leas el texto, haz las 6 preguntas básicas como: ¿Qué habían hecho ellos? ¿Cuál era el nombre que se usaba para describirlos (versículos 8, 13, 15)? ¿Por qué usó Esdras ese término para describirlos? Este proceso de preguntas te hará leer más despacio y así, podrás descubrir todos los hechos o realidades acerca del pueblo. Recuerda, estas cosas fueron escritas para nuestra instrucción (Romanos 15:4). Como siempre, anota lo que aprendes en tu cuaderno de notas.

~~~

TERCER DÍA

Si no marcaste la palabra *mandamientos* (ordenaste[14]) en el primer día, lee todo el capítulo 9 y hazlo ahora. En tus propias palabras, ¿qué mandamiento había desobedecido el pueblo?

Lee Éxodo 34:10-17 y busca las respuestas a las siguientes preguntas:

🞥 ¿Qué les ordenó Dios que no hicieran?

🞥 ¿Por qué ordenó Él que no hicieran eso?

🞥 ¿Cuál fue el resultado de no guardar este mandamiento?

~~~

CUARTO DÍA

Lee Deuteronomio 7:1-11 y busca las respuestas para las siguientes preguntas:

🞥 ¿Qué les mandó Dios que no hicieran? ¿Por qué?

🞥 ¿Qué dijo Dios acerca de los hijos de Israel?

∾ ¿Qué dijo Dios acerca de aquellos que lo aborrecen?

∾ ¿Cómo se relaciona esto con lo que habían hecho en Esdras 9?

QUINTO DÍA

En Esdras 9:5-15 tenemos la oración de Esdras después de que recibió las malas noticias sobre el pecado del pueblo. En el cuadro ESDRAS, EL LÍDER DE LOS EXILIADOS, escribe en la primera columna, "Lo que hizo Esdras", junto a los versículos 9:5-10:4.

Repasa lo que has aprendido del capítulo 9 y anota el tema principal en el cuadro del PANORAMA GENERAL DE ESDRAS en la página 66.

Ahora, lee el capítulo 10:1-4. Marca *Esdras* y los pronombres.

SEXTO DÍA

Lee el capítulo 10:5-44 y marca toda referencia a *casa de Dios*[15], mandamiento y cualquier frase relativa a tiempo, como lo hiciste antes. Anótalas en los lugares respectivos.

Haz una lista en tu cuaderno de notas de los puntos principales de la proclamación que fue dada a todo el pueblo de Israel. Al hacerlo, observa cuándo ocurrieron ciertos eventos según el texto.

Haz un resumen de la enseñanza o tema principal del capítulo 10 y anota este resumen en el cuadro del PANORAMA GENERAL DE ESDRAS. También repasa todos los temas de los capítulos de Esdras y anota el tema principal de todo el libro en el lugar correspondiente dentro del cuadro del PANORAMA GENERAL DE ESDRAS.

(Sugerencia: Ésta debe ser una recapitulación de lo que tratan los temas de Esdras 1-10). Añade cualquier observación adicional que se requiera, para completar el cuadro.

ॐﻬ

SÉPTIMO DÍA

Para guardar en tu corazón: Esdras 9:6-8.
Para leer y discutir: Éxodo 34:10-17; Deuteronomio 7:1-11; Esdras 9:5-15; 10:1-17.

PREGUNTAS PARA LA DISCUSIÓN O ESTUDIO INDIVIDUAL

ॐ ¿Qué pecado cometió el pueblo de Israel?

ॐ ¿Quién estuvo involucrado en este pecado?

ॐ ¿Cuál fue la respuesta de Esdras cuando supo de este pecado?

ॐ ¿Cuál fue la respuesta de aquellos que "tiemblan ante las palabras del Dios de Israel"?

ॐ Según los versículos 5-15, ¿qué hizo Esdras?

ॐ ¿Qué aprendiste acerca de la oración de Esdras? ¿Cuáles fueron los puntos principales de su oración?

ॐ ¿Por qué dijo Esdras que Dios les había mostrado un "breve momento de misericordia"? ¿Qué quiso Dios que hicieran ellos?

ॐ Según el 9:7, ¿qué hará Dios si su pueblo peca?

ॐ ¿Qué sucedió mientras Esdras estaba orando?

ॐ ¿Cuál fue la confesión del pueblo?

ॐ ¿Cuál fue la solución de ellos para rectificar este pecado?

ॐ ¿Qué proclamación se hizo?

ॐ ¿Cuál fue el castigo por no obedecer las estipulaciones de la proclamación?

ᖇ ¿Qué les dijo Esdras que hicieran cuando se reunieron en Jerusalén?

ᖇ ¿Qué propuesta ofreció el pueblo para cumplir este acto de arrepentimiento?

ᖇ ¿Fue la propuesta aceptada? ¿Opuesta? ¿Por quién?

ᖇ ¿Quién salió afectado por el pecado de los matrimonios mixtos?

PENSAMIENTO PARA LA SEMANA

Nadie actúa solo. Todo lo que hacemos afecta a alguien más. El pecado tiene un efecto devastador. Contamina todo lo que toca y a todo lo que entra en contacto con él. Debido al pecado de los matrimonios mixtos de los exiliados con el pueblo de la tierra, el juicio de Dios *tenía* que venir. El pueblo tuvo tan corta memoria, ¡habían pasado menos de cien años!

Tan sólo había pasado una generación y el ciclo volvía a repetirse. ¿Habrían olvidado los padres enseñar a sus hijos e hijas la Palabra de Dios? ¿Es por eso que Esdras fue enviado por Dios, para un tiempo como éste? Esdras, un hombre de la Palabra de Dios, llegó en un escenario de decadencia moral e inmediatamente la convicción del pecado recayó sobre el pueblo. Nadie convocó al pueblo, sino que ellos vinieron. Llorando, ellos confesaron su pecado abiertamente, se arrepintieron y lo dejaron. Sí, fue costoso. Sí, fue doloroso. Pero fue necesario.

Dios ha enviado y continuará enviando Sus profetas, sacerdotes y escribas a Su pueblo para declarar Su verdad. Es la única solución para una generación torcida y perversa. ¿Quién será el próximo Esdras? ¿Podrías ser tú?

PANORAMA GENERAL DE ESDRAS

Tema de Esdras:

DIVISIÓN POR SECCIONES

Autor:						TEMA DE LOS CAPÍTULOS
					1	
Fecha:					2	
Propósito:					3	
Palabras Clave:					4	
					5	
					6	
					7	
					8	
					9	
					10	

NEHEMÍAS

Cómo Superar el Temor
y el Desánimo

～～～～

Acababan de regresar de Jerusalén y Hanani estaba ansioso por ver a su hermano Nehemías. Cuando lo visitaron, Nehemías preguntó acerca de Jerusalén y los judíos que todavía vivían en la tierra. "Ellos no están bien, Nehemías". Él describió a un pueblo en gran aflicción y oprobio. ¿Por qué? ¿No había sido reconstruido el templo hacía 60 años? ¿No se le había permitido al pueblo regresar a su tierra, la Tierra Prometida? Esdras había regresado a Jerusalén por 13 años. ¿Qué pudo salir mal?

"Nehemías, el muro de Jerusalén está derribado y sus puertas quemadas a fuego". La verdad afligió a Nehemías. Él lloró, lloró como nunca antes lo había hecho. Por varios días él no pudo calmarse, sólo lloraba y oraba al Señor.

¿Por qué? Los muros habían estado derribados por 150 años. Las noticias de que todavía estaban derribados no eran del todo nuevas. Yo creo que Nehemías lloró porque la mano poderosa de un Dios soberano afligió su corazón y el Espíritu de Dios susurró a su oído: "Nehemías, ¿por cuánto tiempo sufrirá Mi nombre este insulto? Mi templo fue reconstruido, pero está desnudo en una ciudad sin muros. Mi pueblo, llamado por Mi nombre, vive en temor porque la ciudad donde me adoran está desprotegida. Una ciudad sin muros, Nehemías, no es una ciudad. Nehemías, construye Mis muros".

Éste fue uno de esos momentos en la vida de un seguidor de Dios, cuando Dios cambia su perspectiva. La vida de Nehemías nunca volvería a ser la misma. Su zona de comodidad se estaba disolviendo a su alrededor y la vida estaba por cambiar radicalmente. ¿Has estado en una situación similar?

Con el cambio a menudo viene el temor. Con la obediencia, viene el desánimo. Nos encontramos a nosotros mismos siendo retados tanto desde adentro como desde fuera. Pero Nehemías superó el temor y el desánimo. ¿Quieres vivir en temor y desánimo? ¿No? Estudia Nehemías con nosotros. A medida que estudiemos juntos este libro, veremos los principios que él usó y cómo aplicarlos a nuestra propia vida.

Conociendo a Dios y Sus Promesas

ﮩﻮﮩﻮﮩﻮ

¿Cómo superas el temor y el desánimo? Esta semana aprenderás lo que Nehemías hizo cuando se enfrentó con estos sentimientos.

ﮩﻮﮩﻮ

Primer Día

Originalmente Esdras y Nehemías eran un solo libro. Ciertas partes de cada uno fueron escritas de forma narrativa en primera persona, indicando que Esdras y Nehemías, respectivamente, fueron quienes los escribieron. Más tarde, fueron recopilados en forma de libro por un editor. Muchos creen que el editor fue el mismo Esdras.

Si estudiaste Esdras, estarás familiarizado con su trasfondo histórico. Nehemías, quien fue su contemporáneo, llegó a Jerusalén 13 años más tarde. Hoy, familiarízate una vez más con el trasfondo histórico al leer los capítulos 1 y 2 de Nehemías. También puedes leer las páginas 23-26 del estudio de Esdras para que recuerdes el contexto.

ﮩﻮﮩﻮ

Segundo Día

Lee el capítulo 1 de Nehemías de nuevo, poniendo mucha atención a la oración escrita en los versículos 5-11.

Nehemías escribe varias oraciones en este libro. Mientras estudiamos juntos este libro, encuentra una forma distinta de marcar cada oración que Nehemías escribe. Te sugiero algo como un asterisco (*) en el margen junto al primer versículo de cada oración. Esto hará más fácil encontrar cada oración en el libro. También verás que te ayudará a mantener un registro de lo que aprendes acerca de orar, mientras trabajamos en este libro. Hoy solamente marca los versículos 5-11. Llegaremos a las otras oraciones más adelante en nuestro estudio.

De vez en cuando te pediremos que marques ciertas palabras clave en tu Biblia. Te ayudará a mantener un registro de las palabras que has marcado y una lista de lo que aprendes al marcar esas palabras. Lee las páginas 9-11 que contienen las instrucciones para hacer esto.

Hoy, mientras lees el capítulo 1, marca toda referencia a *Dios*. Necesitarás marcar esta palabra en todo el libro de Nehemías. Haz una lista de todo lo que aprendes acerca de Dios mientras estudias Nehemías. Marca también las palabras *acuérdate*[1] y *mandaste*[2] (*ordenaste*[3], *mandamientos*) de manera distinta. Escribe lo que aprendes en tu cuaderno de notas.

¿Se te hace familiar el capítulo 1, versículo 8? Él está citando Levítico 26:33, un pasaje que observamos mientras estudiábamos Esdras. Todo concuerda, ¿verdad?

TERCER DÍA

Tal como lo vimos en Esdras, es útil que con frecuencia se lean otros pasajes en la Biblia que se relacionan de alguna manera con el que estás estudiando. Esto se llama referencias cruzadas. Hoy haremos una referencia cruzada de la oración de Nehemías con la oración de otro exiliado judío, Daniel. Daniel y Nehemías no fueron contemporáneos. La visión de Daniel había sido escrita muchos años atrás. Lee la oración de Daniel que se encuentra en Daniel 9:1-19. Luego lee Nehemías 1:5-11 y escribe las similitudes entre las dos oraciones en tu cuaderno de notas.

ೞಿಾ

CUARTO DÍA

Las similitudes entre la oración de Daniel y la de Nehemías son asombrosas, ¿verdad? Aunque fueron escritas y oradas con años de diferencia, ellas reflejan la misma actitud del corazón. ¿Reflejan la actitud de tu corazón cuando oras por tu país?

Hoy, lee Daniel 9:20-24. En el primer año de Darío, el hijo de Asuero (538 ó 539 a.C.), el ángel Gabriel se aparece a Daniel para darle entendimiento sobre la primera venida del Mesías prometido. La referencia del tiempo de Gabriel en el versículo 24, generalmente se traduce como "semanas". La palabra hebrea literalmente significa "sietes". Puede usarse para indicar siete días, semanas, meses o años. En el versículo 24, nos dice que 70 semanas o literalmente 70 sietes, han sido decretados. Esto sería 490. Debido a que los eventos mencionados no ocurrieron dentro de 490 días, semanas o meses, es lógico asumir que los 70 "sietes" se refieren a años. ¿Dónde comienza la cuenta regresiva? Después de leer Daniel 9:20-24, compáralo con Nehemías 2 para encontrar la respuesta.

ೞಿಾ

QUINTO DÍA

El decreto para reconstruir Jerusalén fue dado por Artajerjes en el año 445 a.C. y Nehemías fue enviado a hacer el trabajo. Tal como estudiaste en Esdras, el decreto para reconstruir el templo fue emitido por Ciro. El decreto descrito en Daniel fue para reconstruir la ciudad, no sólo el templo. Gabriel había dicho a Daniel 93 años antes, que el decreto sería emitido y Jerusalén sería reconstruida. ¡Dios escribe la historia por adelantado!

Hoy, lee Nehemías 1:1-2:8, observando cada referencia de tiempo, como la que se encuentra en 1:1 "...en el mes de Quisleu...". Marca las referencias a tiempo con un círculo en el margen, tal como lo mostramos en la página 9 en la sección "Cómo Empezar". Estas referencias a tiempo nos ayudan a establecer el curso de la historia y a interpretar el evento dentro de su contexto histórico. Cuando hayas terminado, anota los eventos principales de Nehemías 1 en el cuadro del PANORAMA GENERAL ubicado en la página 106. No te sientas intimidado con este cuadro. Es para tu uso y solamente tuyo. Nadie va a calificar tus respuestas. Sólo escribe una oración que describa lo que ocurrió en este capítulo y así podrás recordar un resumen de Nehemías.

SEXTO DÍA

Lee Nehemías 2. Se presentarán dos personajes nuevos que jugarán un papel importante en esta historia. Ellos son Tobías y Sanbalat, los enemigos, los hombres malos. Sanbalat era el gobernador de Samaria y Tobías era uno de sus oficiales. Marca sus nombres de manera distintiva al leer el capítulo 2, luego márcalos cada vez que se mencionen en Nehemías. Simplemente subráyalos. La frase, *la mano de mi Dios*[4] es una frase clave tanto en Esdras, como en Nehemías. Marca ésta u otras frases similares en Nehemías 2, luego regresa a Esdras 7 y 8 para revisar lo que ya aprendiste acerca de "la mano de Dios". De manera distinta, marca cada referencia a *triste* (*tristeza*[5]). Más adelante marcaremos toda referencia a *gozo*. Marca ambas palabras con el mismo color y pon una / sobre *triste* o sus sinónimos. Por ejemplo: **triste**.

Anota los eventos principales de Nehemías 2 en tu cuadro del PANORAMA GENERAL.

Séptimo Día

 Para guardar en tu corazón: Nehemías 1:8-9.
Para leer y discutir: Nehemías 1-2.

Preguntas para la Discusión o Estudio Individual

❧ ¿Qué aprendiste acerca de Dios cuando estudiaste Nehemías 1 y 2? ¿Cómo se describe a Dios?

❧ ¿Qué aprendiste específicamente acerca de "la mano de Dios" en Esdras y Nehemías?

❧ ¿Cómo te ayudará este conocimiento recién adquirido a superar el temor y el desánimo?

❧ ¿Qué aprendiste acerca de la oración esta semana? ¿Cuán específicas fueron las peticiones? ¿Cuán específicas fueron las confesiones de pecado? ¿Cuán específicas son las tuyas?¿Sobre qué base se hicieron las apelaciones a Dios? En otras palabras, ¿qué creyeron Daniel y Nehemías acerca de Dios, lo cual los ayudó a buscar Su rostro y pedirle Su perdón?

❧ ¿Qué has aprendido sobre la oración por tu país?

Pensamiento para la Semana

Una de las claves para superar el temor y el desánimo es conocer la Palabra de Dios. Dios es soberano y lo que Él dice ocurrirá. En el año 538 ó 539 a.C. Dios le dijo a

Daniel que Jerusalén sería reconstruida. También le dio a Daniel una cuenta regresiva para los acontecimientos que precedieron y que estarían cerca de la crucifixión de nuestro Señor. En el año 445 a.C., Nehemías apeló al rey de Persia y se le concedió permiso para reconstruir la ciudad del Señor. Comenzó entonces la cuenta regresiva para que el Mesías fuera "cortado" o crucificado.

Una vez más vemos que Dios escribe la historia por anticipado. Aunque no indica directamente que Nehemías estaba familiarizado con la profecía de Daniel, sabemos que Daniel era bien conocido por los exiliados y era famoso en Persia. Otro profeta de Israel, Ezequiel, lo mencionó de tal manera que indicaba que su reputación era bien conocida (Ezequiel 14:12-20). Así que Nehemías probablemente conoció los escritos de Daniel. ¿Ves el ánimo que obtendríamos si supiéramos lo que Dios ha dicho y creyéramos lo que Él quiso decir?

La gente que conoce a su Dios tiene el valor no sólo para enfrentar a la gente, sino también para enfrentarse a Él. Cuando estudiaste las oraciones esta semana observaste que tanto Daniel como Nehemías, se acercaron a Dios partiendo de Su misericordia. ¿Has escudriñado esa verdad? Él es un Dios misericordioso. Tú puedes acercarte a Él aun cuando has fallado. Acércate a Él, reconoce tus faltas, confiesa tus pecados y pide perdón. Encontrarás Su misericordia. Daniel y Nehemías se acercaron a Dios basados en la creencia de que Él es un Dios que cumple Sus promesas. Ellos le recordaron a Él Sus promesas (no porque Él las hubiese olvidado) y le pidieron que hiciera lo que dijo que haría. A medida que estudies la Palabra de Dios, te familiarizarás con Sus promesas y podrás reclamar en oración como lo hicieron estos dos hombres de Dios. Esta es una buena razón para estudiar, ¿verdad?

En el capítulo 2, versículo 2, tenemos la primera mención de temor. Vemos que Artajerjes le preguntó a

Nehemías por qué estaba triste. Nehemías "tuvo mucho temor". A pesar de su temor, Nehemías presentó su petición. ¿De dónde obtuvo el valor? Su fortaleza vino de la oración en el capítulo 1. Con esto aprendemos que la magnitud del valor depende de cuán profunda sea tu vida de oración. Para tener valor debes creer a Dios. Para creer a Dios, debes conocer a Dios. Para conocer a Dios, debes estudiar Su Palabra. ¿Conoces a Dios? La otra alternativa es vivir en temor y desánimo.

ÁRMATE CON LA ESPADA DEL ESPÍRITU

ⱭⱭⱭⱭ

Esta semana veremos la estrategia del enemigo y la respuesta de Nehemías. La verdad te hará libre.

ⱭⱭ

PRIMER DÍA

Nehemías 3 es un panorama general del programa de construcción. Nehemías explica quién fue responsable de cada reparación. Lee el capítulo 3 y marca cada referencia geográfica, tal como "la puerta del Cordero". Debido a que hay muchos lugares, será mejor solamente subrayar cada referencia con un lápiz de color o un marcador. En tu cuaderno de notas, bajo el título QUIÉN CONSTRUYÓ EL MURO, haz una lista de las ocupaciones de los trabajadores que participaron en este proyecto. Fíjate si se menciona algún carpintero o albañil.

En este capítulo se menciona por primera vez a Eliasib, el sumo sacerdote. Éste probablemente es el mismo hombre que se menciona en Esdras 10:6. Resalta o subraya su nombre con un lápiz de color o un bolígrafo. Será importante ver su relación con Sanbalat y Tobías más adelante en la historia.

Cuando hayas terminado, anota el tema de Nehemías 3 en tu cuadro del PANORAMA GENERAL.

Las Puertas de Jerusalén en la Época de Nehemías

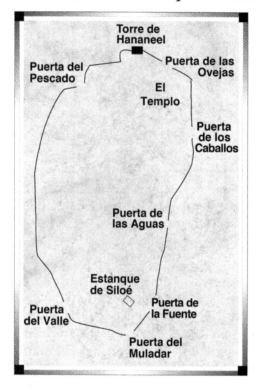

Segundo Día

Los capítulos 4-6 describen algunos de los problemas que Nehemías y otros tuvieron que enfrentar cuando reparaban los muros de Jerusalén. Hoy, lee Nehemías 4. Marca toda referencia a *muralla*[6] y *trabajar*[7]. Mientras lees, observarás otra oración de Nehemías. Márcala en tu Biblia como lo hiciste con la oración del capítulo 1.También marca las referencias a *Sanbalat* y *Tobías* como lo hiciste en el capítulo 2.

Ⱄↄ

TERCER DÍA

La oposición a la obra del Señor no es nueva, ni tampoco las tácticas de los enemigos. El método del enemigo de Dios, Satanás, el diablo, nunca es nuevo ni original. Él usa las mismas tácticas hoy que las que usó en el año 445 a.C. Mientras leemos hoy, queremos que busques la táctica que el enemigo usó en su intento de detener el trabajo del pueblo de Dios en la ciudad de Jerusalén. Lee el capítulo 4:1-6. Observa el método que Sanbalat y los otros usaron para tratar de detener la obra. La clave está en el versículo 1.

Temor y Desánimo		
El enemigo	Tácticas del Enemigo	Respuesta del pueblo de Dios
	Temor – 2:2	Oración – 1:5-11; 2:4

En una hoja en tu cuaderno de notas empieza un cuadro de tres columnas como el cuadro anterior. Usa este cuadro para aprender cómo superar el temor y el desánimo al ver las tácticas del enemigo y la respuesta de Nehemías y el pueblo de Dios. Después de que termines de leer, escribe lo que aprendes del 4:1 en tu cuadro de tácticas. También del 4:6, escribe la razón por la que el pueblo pudo construir todo el muro hasta la mitad de su altura a pesar del hostigamiento de Sanbalat. En otras palabras, ¿qué se propuso el pueblo para superar esta táctica del enemigo? Toma nota también de cualquier respuesta directa que el pueblo le dio a Sanbalat y a sus amigos. ¿Le respondió el pueblo a Sanbalat?

Antes de empezar la tarea de hoy, anota en tu cuadro de TEMOR Y DESÁNIMO lo que aprendiste la primera semana.

CUARTO DÍA

Durante tu estudio de ayer, ¿viste la táctica que usó el enemigo en Nehemías 4? Él se burló de ellos (4:1). ¿Cómo superó la gente la burla y el escarnio del enemigo? Ellos se habían propuesto hacer la obra de Dios, o como la Biblia de las Américas dice, "el pueblo tuvo ánimo para trabajar" (4:6). Ellos ignoraron a los burladores y continuaron trabajando.

Hoy, lee Nehemías 4:7-23. Marca cada uso de la palabra *Dios* o cualquier otra palabra que se refiera a Él, tal como *Señor*. Añade lo que aprendes acerca de Dios a la lista en tu cuaderno de notas. Mientras lees, queremos que consideres si el pueblo respondió en fe. ¿Estaban confiando ellos en Dios?

Hablaremos sobre esta idea más adelante.

QUINTO DÍA

Lee Nehemías 4:7-23 de nuevo. Observa la táctica que el enemigo usa en esta sección del capítulo 4. Presta mucha atención a la forma en que Nehemías supera esta táctica. Marca las palabras clave *temor*, *miedo*[8] y *acuérdense*[9]. Añade lo que aprendes acerca de estas palabras clave en tu cuaderno de notas. Después de que hayas hecho esto, agrega lo que aprendes acerca de las tácticas del enemigo y la respuesta del pueblo a tu cuadro TEMOR Y DESÁNIMO. Cuando termines, anota el tema de Nehemías 4 en tu cuadro del PANORAMA GENERAL.

SEXTO DÍA

Algunas de las tareas de esta semana han sido largas y te agradecemos por ser diligente al hacer el trabajo. Hoy en día la iglesia necesita desesperadamente hombres y mujeres que estén dispuestos a escudriñar las Escrituras y ver lo que Dios ha dicho.

Tú has hecho un buen estudio de Nehemías 4. Hoy, queremos que lo leas una vez más, lentamente y en voz alta. Mientras lees, pon atención a la estrategia militar que los judíos estaban usando. ¿Estaban equivocados al tener una posición militar agresiva? Si ellos confiaban en Dios, ¿Debían estar armados y en guardia? ¿Es incorrecto que un oficial de policía cristiano esté armado? ¿Es malo para un cristiano ser militar? Piénsalo.

SÉPTIMO DÍA

 Para guardar en tu corazón: Nehemías 4:14,20.
Para leer y discutir: Nehemías 3-4.

PREGUNTAS PARA LA DISCUSIÓN O ESTUDIO INDIVIDUAL

∽ ¿Qué ocupaciones estaban representadas por el pueblo que edificaba el muro? ¿Hubo algún carpintero o albañil?

∽ ¿Qué nos enseña esto acerca de "edificar muros" en la iglesia hoy en día? ¿Quién puede edificar el muro en la iglesia hoy en día?

∽ ¿Qué táctica se usó primero para desanimar a los trabajadores en el capítulo 4? ¿Cómo respondió el pueblo a esta táctica? La próxima vez que el enemigo venga contra ti de esta manera, ¿cómo responderás?

﹏ ¿Cuál fue la segunda táctica del enemigo?

﹏ ¿Cómo te ayudó la palabra *acuérdense* a entender cómo responder a esta segunda táctica del enemigo?

﹏ Discute cómo habrá sido ser un colaborador de Dios en la edificación de los muros. ¿Has estado en el centro de la voluntad de Dios, aún en medio de oposición? ¿Cómo respondiste?

﹏ ¿Es malo temer? ¿Era malo que los judíos o Nehemías tuvieran temor? ¿Actuaron por temor? ¿Cómo?

﹏ ¿Qué opinas acerca de los guardias armados? ¿Era bueno o malo? ¿Estaban caminando por fe o por temor?

Pensamiento para la Semana

En Ezequiel 13, Dios habla en contra de los falsos profetas porque ellos no reedificaron o repararon el muro alrededor de la casa de Israel. Él no se refiere a un muro físico. El muro que Dios tiene en mente es mucho más importante que cualquiera hecho de piedra y mezcla. El muro es nuestro entendimiento de la Palabra de Dios. La Palabra nos rodea y nos protege. Es la Palabra la que evita que el enemigo penetre en lo más profundo de nuestra alma. Es la Palabra la que nos da seguridad en tiempos de incertidumbre. Es la Palabra la que nos provee una paz que sobrepasa todo entendimiento. Es la Palabra la que asegura nuestro gozo. Es la Palabra la que aumenta nuestra fe.

¿Cómo es tu muro? ¿Hay agujeros en él? Cada día que haces tu tarea, estás añadiendo un ladrillo más a tu muro. El enemigo atacará. Satanás hará todo lo que sea posible para distraerte de tu misión. Él hará lo que sea posible para destruir tu tiempo. Él odia a los cristianos de muros fuertes, porque "el pueblo que conoce a su Dios se mostrará fuerte y actuará"(Daniel 11:32b). Son una amenaza para sus planes. Sigue el ejemplo de Nehemías. Primero, recuerda que "el Señor es grande y maravilloso" y segundo, "pelea por tus hermanos". Al hacer este estudio, encuentra guerreros de oración que intercedan mientras tú edificas en la Palabra, luego tú puedes velar por ellos en oración mientras ellos edifican.

¿Notaste cuántos carpinteros y albañiles estaban en la lista de trabajadores para reedificar el muro? Ninguno. El muro no fue edificado por constructores profesionales. Fue edificado por gente común y corriente. Tú no puedes dejar la edificación de los muros en tu vida en manos de profesionales. Tú eres responsable de construir el muro por ti mismo. Dios nos da la responsabilidad de obedecer y la libertad de actuar. Hemos sido invitados a ser colaboradores con Cristo.

Nehemías y el pueblo confiaron en el Señor. Se armaron y trabajaron. Incluso estaban dispuestos a ser colaboradores en batalla, si había necesidad. ¿Les faltó fe? No. Ellos estaban listos para lo que Dios escogiera hacer. ¿Estás listo? ¿Estás listo para defender la fe que está dentro de ti? Al hacer este estudio, estás edificando tu muro y al mismo tiempo, te estás armando al familiarizarte con la Palabra de Dios, la espada del Espíritu.

¿CONOCES LAS TÁCTICAS DEL ENEMIGO?

Las tácticas del enemigo, Satanás, han cambiado poco con el paso de los años. Saber lo que él hace y lo que yo tengo en Cristo me ayudará a superarlas.

PRIMER DÍA

Lee Nehemías 5:1-13. Aquí hay un cambio de enfoque que va de la construcción del muro a otro problema. La historia se mueve de un conflicto de afuera a un conflicto de adentro. Presta mucha atención a los pecados que el pueblo había cometido. Mientras lees, marca toda referencia a *Dios* y añade lo que aprendes acerca de Él a tu lista en tu cuaderno de notas. También marca toda referencia a *temor*[10] y añade cualquier observación que encuentres al cuadro sobre el temor en tu cuaderno de notas. Haz referencia cruzada de este pasaje con Levítico 25:35-37.

SEGUNDO DÍA

Ayer viste los pecados de los ricos. Nehemías era rico. Hoy veremos su ejemplo para la gente selecta de Judá. El gobernador que estaba bajo el sistema persa tenía el derecho de imponer impuestos al pueblo por su salario y por sus gastos. Pero el pueblo ya estaba agobiado. Lee Nehemías 5:14-19. Mientras lees, presta atención al ejemplo de Nehemías y continúa marcando *Dios, temor* y las otras palabras clave. ¿Qué hace Nehemías? ¿Por qué lo hace? Tenemos otra oración en este pasaje, así que asegúrate de marcarla. No olvides escribir los eventos principales de Nehemías 5 en tu cuadro del PANORAMA GENERAL.

TERCER DÍA

Sanbalat y los muchachos aparecen otra vez. La burla no detuvo el trabajo en el muro. Tampoco lo hizo la amenaza de violencia física. Pero el enemigo tiene otras tácticas para causar temor y desánimo. En el capítulo 6 vemos que algunas de esas tácticas son usadas y vemos cómo los edificadores del muro hacen que esas tácticas resultan inútiles.

Lee Nehemías 6:1-9. Agrega a tu cuadro de TEMOR Y DESÁNIMO las dos tácticas que ves en este pasaje y cómo la mano de Dios responde a ellas. Busca la oración de Nehemías. También marca la palabra *muralla* como lo hiciste en Nehemías 4.

CUARTO DÍA

Hoy leamos Nehemías 6:10-19. ¿Cuáles son las tácticas que el enemigo usa en este pasaje? Agrégalas a tu lista, junto con las respuestas de Nehemías.

Asegúrate de marcar cada una de las oraciones de Nehemías en este capítulo. También marca las palabras *atemorizara*[11] y *muralla*[12].

ᘒᘒ

QUINTO DÍA

Nehemías 6:10-19 puede ser un poco difícil de seguir. Dediquemos el día de hoy a observarlo de nuevo, para asegurarnos que seguimos la línea de pensamiento.

Semaías era uno de los sacerdotes y por alguna razón, él estaba encerrado en casa. Cuando Nehemías vino a visitarle, Semaías dijo que la vida de Nehemías estaba en peligro. La solución que Semaías presentó a Nehemías era que debían esconderse dentro del templo. A Nehemías no se le permitía estar en el templo debido a que era laico.

Lee Nehemías 6:10-19 lentamente y en voz alta. ¿Ves por qué Nehemías reaccionó de la forma que lo hizo? Observa la respuesta de los profetas y profetisas a Nehemías. A propósito, esta Noadías no es la misma que se menciona en Esdras 8:33. La de aquí es una profetisa que solamente se menciona en esta parte. Escribe el tema de Nehemías en tu cuadro del PANORAMA GENERAL.

ᘒᘒ

SEXTO DÍA

¿Cómo puedo superar el temor y el desánimo que infunde el enemigo? ¿Cómo lo hizo Nehemías? ¿Cómo lo hizo el pueblo de Dios? Una forma era al conocer la verdad. Conocer la verdad guardó a Nehemías de creer a Semaías y a Noadías y por lo tanto, él superó la conspiración del enemigo.

Observemos otros pasajes que, si aplicamos sus principios, nos ayudarán a vencer en lugar de ser vencidos. Primero, lee 2 Timoteo 1:7-10. ¿Qué se nos ha dado? En segundo lugar, lee Juan 14:27. La pregunta es la misma: ¿Qué se nos ha dado? El último pasaje que queremos que consideres es más largo pero vale la pena tomarse el tiempo, porque la lección aprendida aquí te hará libre. Lee 1 Samuel 17:41-50. ¿A quién pertenece la batalla?

Séptimo Día

Para guardar en tu corazón: Nehemías 6:9.
Para leer y discutir: Nehemías 5-6; Levítico 25:35; 1 Samuel 17:41-50; 2 Timoteo 1:7-10; Juan 14:27.

Preguntas para la Discusión o Estudio Individual

ꙮ ¿Cuál fue el problema que Nehemías tuvo que enfrentar en el capítulo 5? En la referencia cruzada de Levítico 25, ¿cuál es el punto que concierne al cobro de intereses? Jesús dijo que la ley podía ser resumida en dos mandamientos: Amarás al Señor tu Dios con todo tu corazón y amarás a tu hermano como a ti mismo. ¿Cómo encaja Levítico 25:35 con este mandamiento? La manera como tratamos a otros es sumamente importante para Dios. ¿Cómo tratas a aquellos que están en necesidad?

ꙮ ¿Cómo corrigió Nehemías el problema? ¿Sigues tú ese ejemplo? ¿De qué maneras decimos a nuestros hijos que se amen unos a otros y luego fallamos en guiarlos con el ejemplo? ¿Cómo trata de desanimar y distraer el enemigo en el capítulo 6?

ꙮ ¿Ha usado el enemigo amenazas de chantaje, verdaderas o no, para tratar de detenerte en la obra del Señor? ¿Cuáles fueron las ocasiones específicas? ¿Cómo reaccionaste?

ꙮ ¿Qué lecciones aprendemos de la reacción de Nehemías al insulto? ¿Cómo deberíamos reaccionar nosotros? ¿Cómo reaccionó Nehemías a las amenazas de violencia física? ¿Es capaz Dios de protegerme, aun contra violencia física? ¿Qué pasa si Él permite que me hieran o lastimen?

∾ ¿Cómo pudo discernir Nehemías que Semaías y Noadías no hablaban de parte de Dios? En otras palabras, ¿de dónde viene esta clase de discernimiento? ¿Estás aprendiendo a discernir?

∾ Discute lo que aprendiste cuando hiciste las referencias cruzadas de 2 Timoteo 1:7-10 y Juan 14:27.

∾ ¿Cómo te ayuda la comprensión de 1 Samuel 17:41-50 a caminar con valor?

Pensamiento para la Semana

Aparentemente, no había nada malo con la petición de Sanbalat y Gesem. Ellos hicieron que sonara como que simplemente querían una reunión para hablar sobre el trabajo que se estaba haciendo. Pero Nehemías no se distrajo de los negocios del Señor. Realmente no había nada que discutir. Él estaba en los negocios del Señor y ellos intentaban interrumpirlo. No había razón para detener el trabajo, descansar en los logros o negociar con el enemigo. Él, como la gente del 4:6, tenía su mente o literalmente su corazón en el trabajo. ¿Está tu corazón, o tu mente en la obra del Señor? ¿Estás firme en tus convicciones? Si vacilas, el enemigo ganará un punto de apoyo. Si Nehemías hubiera vacilado, los enemigos de Dios lo hubieran matado.

La segunda táctica, las mentiras y amenazas de chantaje, se usan todavía para distraernos de la obra del Señor. ¿Te encuentras atemorizado por esas tácticas? Responde como lo hizo Nehemías: Di la verdad y permanece en la obra que Dios te ha llamado. El chantaje es una de las tácticas más comunes del enemigo. Decir la verdad desarma al diablo.

Una de las tácticas más sutiles usadas por Sanbalat se encuentra en el 6:5. La quinta vez que Sanbalat envió una carta, no la selló. Este era un fuerte insulto a la posición y rango de Nehemías, porque la costumbre de ese tiempo demandaba que la carta debía estar envuelta en una tela fina y sellada. ¿Cómo manejas tú los insultos? ¿Cómo reaccionas cuando te faltan al respeto? ¿Cómo reaccionó Nehemías? Aparentemente él no le prestó atención al insulto. ¿Cómo debemos responder? ¿Recuerdas lo que tu madre te decía cuando eras joven? Está bien. Ignóralos. Nehemías lo hizo.

RECUERDA LA BONDAD DE DIOS

Esta semana veremos brotar un avivamiento cuando el pueblo de Dios escuche la Palabra de Dios y recuerde Su bondad.

PRIMER DÍA

El muro está construido. El enemigo está frustrado. Los hombres y mujeres de Dios se rehusaron a creer la mentira de que Dios no era lo suficientemente poderoso para protegerlos. El enemigo gritó y amenazó, pero no obtuvo provecho porque el viejo león rugiente no tenía dientes (1 Pedro 5:8-9). Si Dios está con nosotros, ¿quién puede estar contra nosotros?

Hoy estudiarás Nehemías 7. Fundamentalmente es la misma lista que leíste en Esdras 2. Hay algunas discrepancias entre las dos listas (que son difíciles de explicar). El total de ambas listas es el mismo, 42,360 (Esdras 2:64; Nehemías 7:66). En Esdras tenemos 29,818 personas enumeradas. En Nehemías, encontramos 31,809 personas enumeradas. En Esdras encontramos que se mencionan 494 personas que no se encuentran en Nehemías. En Nehemías encontramos 1,765 personas que no se mencionan en Esdras. Si añadimos el sobrante de personas que se encuentran en Nehemías (1,765) a la lista de Esdras (29,818), encontramos un total de 31,583. Al añadir el sobrante de personas que se encuentran en Esdras (494) al número de personas que se encuentran en Nehemías (31,089), tenemos un total de 31,583. Las dos listas parecen corregirse la una a la otra. Cuando restamos 31,583 del total que dan tanto en Esdras como en Nehemías, 42,360, encontramos a 10,777 personas que no se enumeran. Las 10,777 que no se nombran, puede que hayan sido excluidas por nombre debido a varias razones. Es posible que las 10,777 no hayan podido probar su registro familiar, así como algunos de los levitas no lo pudieron hacer (Esdras 2:62-63; Nehemías 7:64-65). O también es posible que no eran de la tribu de Judá o Benjamín y por lo tanto, no las nombraron.

Cualquiera que sea la explicación, sabemos que en la mente de Esdras y Nehemías no había contradicción. Como tú sabes, originalmente los dos libros fueron uno solo. El editor debió haber entendido que las listas no se contradecían, para que _ambas_ fueran incluidas en un libro. La Palabra de Dios no se contradice a sí misma y Dios no cometió errores cuando inspiró a los hombres que la escribieron.

Hoy, lee Nehemías 7. Subraya los diferentes grupos de exiliados que están regresando, tal como lo hiciste cuando estudiaste Esdras 2. Observa cómo se despliega la lista cuidadosamente. Lo que estás leyendo es una lista de personas que le decía a Dios, "Sí Señor, yo quiero ser parte de la reedificación del templo". Como cuerpo de Cristo, nosotros también tenemos responsabilidades y privilegios en el servicio a nuestro Dios.

No olvides escribir el tema de Nehemías 7 en tu cuadro del PANORAMA GENERAL.

Segundo Día

Sabemos que ayer fue un poco difícil, pero el descubrir la verdad siempre justifica la molestia. ¡Sigue adelante!

El libro de Nehemías se divide en el capítulo 7:73b. Hasta este punto, el enfoque ha estado en la reedificación de los muros de Jerusalén y el trabajo ha sido exitoso. A esta división se le llama división por sección. Estoy seguro que has observado en tu cuadro del PANORAMA GENERAL las columnas verticales que están a la izquierda de los números de los capítulos. Allí es donde puedes escribir la sección: "El trabajo".

Ahora el enfoque del libro cambia. No, no te diremos el nuevo enfoque, tú tienes que leer y descubrirlo por ti mismo. Lee el capítulo 8:1-8 y marca toda referencia a *ley* (no te olvides de los pronombres que se refieren a ella). Marcamos *mandamiento* en el segundo día de nuestra primera semana juntos, así que sugerimos que marques *ley* de la misma manera. También marca *adoraron* de manera diferente.

worship

❧

Tercer Día

Lee Nehemías 8:9-18. Esta vez, además de *ley*, busca y marca toda referencia a *alegría*[13] junto con sus sinónimos, como *regocijo*[14], o antónimos como *entristezcan*[15].

rejoicing

Márcalas de la misma manera que lo hiciste el sexto día de la primera semana. En el capítulo 8, las expresiones de tiempo son importantes, así que también debes marcarlas. Cuando hayas terminado, no te olvides de tu cuadro del PANORAMA GENERAL.

Sería útil hacer una referencia cruzada de este pasaje con Levítico 23:34-44.   v. 43

❧

Cuarto Día

En el capítulo 8, Esdras lee la ley al pueblo y los levitas explican el significado de los pasajes a la asamblea.

Puedes ver la respuesta del pueblo cuando son confrontados con la Palabra de Dios. Ellos celebraron la Fiesta de los Tabernáculos y tuvieron una asamblea solemne. Hoy empezarás a estudiar esa asamblea solemne.

¿Recuerdas de nuestro estudio de Esdras el propósito de la Fiesta de los Tabernáculos? Si no, regresa y lee la página 36 (segunda semana, cuarto día) en este libro para refrescar tu memoria.

Lee Nehemías 9:1-15. Mientras lees, marca toda referencia a *Dios* y *adorando*. Asegúrate de añadir lo que aprendes acerca de esto a tu lista. *Fue importante decir sus historias no olvidan*

Deut. 26:5-11
Ps. 105-106
Acts 7
Deut. 31:19, 32 (la canción de Moisés)

QUINTO DÍA

Hoy, lee Nehemías 9:16-31 y marca de nuevo toda referencia a *Dios*, como lo hiciste ayer. Añade a tu lista lo que estás aprendiendo acerca de Él. Hasta ahora tu lista de Dios es impresionante. Cuando hayas terminado la tarea de hoy, toma tiempo para adorarle al leer nuevamente la lista que tienes acerca de Dios y medita en las verdades que has aprendido. *Deut. 8:11-14, no olvides de donde vienes*

SEXTO DÍA

Has trabajado mucho esta semana, pero ha sido un tiempo bien invertido. Hoy terminarás tu estudio de Nehemías 9. Hay mucho más por aprender de este pasaje, pero debemos continuar. En el futuro, si tienes tiempo, sería interesante marcar toda referencia a los hijos (o *descendientes*[16]) de Israel (usualmente *ellos*) en el capítulo 9 y hacer una lista de lo que aprendes acerca de ellos y su actitud hacia Dios. Por ahora, lee 9:32-38 y marca toda referencia a Dios y *mandamientos* (*ley*). Añade lo que aprendes a las listas en tu cuaderno de notas. No te olvides del cuadro del PANORAMA GENERAL.

Séptimo Día

Para guardar en tu corazón: Nehemías 9:6.
Para leer y discutir: Nehemías 7-9.

Preguntas para la Discusión o Estudio Individual

✎ En el capítulo 8, Esdras leyó la ley al pueblo y los levitas la hicieron entender. ¿Cuál fue la respuesta inicial del pueblo? Busca las palabras *entristecer* y *llorar*. ¿Por qué respondieron de esa manera? ¿Cómo respondes tú a la Palabra de Dios? *Tengo la oportunidad confesar de mis pecados y ser perdonado. Es un feliz ocasión porque he entendido la palabra*

✎ Discute las similitudes entre los pecados de Israel y los pecados de tu país. ¿Qué pasa contigo en lo personal? De lo que aprendiste en los capítulos 8 y 9, ¿en qué nos diferenciamos de los israelitas en nuestra respuesta a Dios? ¿Somos diferentes? *E? 16: 49*

✎ De nuestro estudio de esta semana, ¿qué aprendiste sobre el propósito de la asamblea solemne? ¿Cómo podrías aplicar las verdades concernientes a una asamblea solemne a tu propia vida? *purpose*

✎ ¿Qué aprendiste acerca de Dios esta semana?

✎ Recordar lo que Dios ha hecho en tu vida es muy poderoso y alentador. Trata de escribir un diario durante un mes, de lo que Dios está haciendo en ti personalmente. Al final del mes, lee y regocíjate al ver lo que Dios ha hecho. *encouraging*

PENSAMIENTO PARA LA SEMANA

En Nehemías 8, la historia tiene lugar frente a nuestros ojos. Hombres, mujeres y niños se reunieron para escuchar la lectura de la ley. Esdras se subió a la gran plataforma y extendió los rollos sobre el estrado. Cuando empezó a abrir los rollos, el pueblo se juntó como un solo hombre. Esdras bendijo al Señor, al gran Dios. El pueblo alzó sus manos hacia el cielo y gritó, ¡"Amén, Amén"! Con sus manos levantadas, afirmaron la adoración de Esdras al gran Dios y Lo hicieron suyo. Luego, postrándose adoraron al Señor con sus rostros en tierra. ¡Ese solamente era el comienzo! Mientras Esdras leía la Palabra de Dios y los levitas la hacían entender, el pueblo empezó a entristecerse por su pecado. ¡Un avivamiento real! Ésta no es la clase de avivamiento del que hablamos hoy, ya que usamos la palabra muy a la ligera. El avivamiento generalmente describe una serie especial de reuniones en la iglesia local. Esta semana leíste acerca de un avivamiento real. La Palabra de Dios fue leída y explicada, el pueblo de Dios admitió su pecado, se arrepintió, entró la adoración y ¡vino el avivamiento!

Dios envía avivamiento. Viene cuando Su Espíritu Santo nos hace comprender en dónde estamos y donde deberíamos estar. Hay algunas cosas que puedes hacer para estar abierto a un avivamiento. Puedes tomar seriamente tu adoración, como ellos lo hicieron. Te puedes exponer a la Palabra de Dios y ella tendrá oportunidad de desafiarte, así como ellos fueron desafiados. Puedes confesar tus pecados y comprometerte ante Dios a caminar en justicia, tal como ellos lo hicieron.

¿Estás listo para el avivamiento? ¿Estás abierto al avivamiento? Si Dios envía avivamiento, ¿estará tu corazón sensible a Su llamado?

MIRA LO QUE
DIOS HA HECHO

ᘓᘓᘓᘓ

PRIMER DÍA

Cuando estudiaste la semana pasada, viste a un pueblo confrontado por la Palabra de Dios y convicto por su pecado. Hoy, lee Nehemías 10 y observa el resultado del avivamiento: el compromiso del pueblo. El capítulo 9 concluye con un acuerdo por escrito entre el pueblo y Dios. Los primeros 28 versículos de Nehemías 10, enumeran los nombres de los hombres que firmaron el pacto. El resto del capítulo trata de... mejor léelo tú. Marcar la palabra *nosotros* te ayudará a ver lo que está ocurriendo. Asegúrate de seguir marcando *Dios* y *ley* (*mandamientos*). Si tienes tiempo, haz una lista en tu cuaderno de notas de todo lo que el pueblo prometió. Anota en tu cuadro del PANORAMA GENERAL el tema del capítulo 10.

SEGUNDO DÍA

¿Te acuerdas cuando estudiamos Nehemías 7? Leíste que la ciudad era grande y espaciosa, pero había poca gente y las casas no estaban construidas. Hoy veremos cómo manejaron este problema los líderes.

Hoy, lee Nehemías 11. Mientras lees, busca los grupos principales como *los hijos de Judá*[17] o los *hijos de Benjamín*[18], que se involucran en la acción. Subraya estos grupos principales. También observa el porcentaje de personas que es escogido. Cuando hayas terminado, escríbelo. Bueno, tú sabes lo que tienes que hacer, ¿verdad?

Tercer Día

¡Nehemías 12 es un capítulo emocionante! Los muros han sido edificados, el enemigo ha sido vencido y la ley ha sido leída. ¿Qué ocurre después? Estudiaremos Nehemías 12 para descubrirlo. Hoy queremos que leas los versículos 1-30 de este capítulo. Mientras estás leyendo, subraya nuevamente toda referencia a los *levitas* (*hijos de Leví*), como lo hiciste en el capítulo 11. El argumento comienza cerca del fin de la lectura asignada. Sigue la historia cuidadosamente y presta atención a la palabra *purificaron*.

Cuarto Día

¡Nehemías 12 es una celebración! Los sacerdotes, el pueblo y los cantores se han reunido para dedicar el muro. Ellos empezaron purificando a los sacerdotes, los levitas, el pueblo, el muro y las puertas. El proceso de purificación fue simbólico a la dedicación de ellos a Dios. Estaban entregando los muros, las puertas y a sí mismos a Dios. Parece ser un primer paso correcto para la celebración, ¿verdad? Como viste ayer, los levitas, los cantores y probablemente mucha gente fue convocada a Jerusalén para ver lo que Dios había hecho. En el resto de Nehemías 12, veremos cómo el muro de Dios fue expuesto.

Hoy, lee el capítulo 12:31-47. Mientras lees, sigue la ruta que tomaron los dos coros, en el mapa de la página 80.

1. ¿Cuánto de la ciudad recorrieron?

2. ¿Cuán fuerte sonaban?

No te olvides marcar, Dios, mandato[19] y adoración[20]. Luego, escribe el tema principal de Nehemías 13 en tu cuadro del PANORAMA GENERAL.

(Si alguna vez has estado en Jerusalén, ¡este pasaje cobrará vida! Podemos imaginarnos los muros de la vieja ciudad y la celebración. Nosotros, en Ministerios Precepto, llevamos un tour a Israel cada año. Ven con nosotros alguna vez. ¡Tu estudio bíblico nunca será el mismo!).

Quinto Día

Nuestros últimos días juntos en este estudio serán en el capítulo 13 de Nehemías. Nehemías se queda en Jerusalén por 12 años antes de regresar a la corte de Artajerjes por un tiempo. El capítulo 13 detalla los incidentes que ocurrieron mientras estuvo fuera y su respuesta a ellos cuando regresó. Hoy, lee Nehemías 13:1-9. Presta atención a quién es excluido de la asamblea de Dios. Marca el nombre Tobías (y cualquier pronombre), tal como lo hiciste anteriormente en tu estudio. Cuando termines, lee Nehemías 2:10 para refrescar tu memoria concerniente a Tobías. También marca ley y Dios como lo has hecho a lo largo de este estudio. Luego, añade cualquier observación que tengas a tus listas.

SEXTO DÍA

Hoy, termina leyendo Nehemías 13. Mientras lees observa los tres problemas específicos citados por Nehemías. Hemos visto a Eliasib, el sumo sacerdote que se menciona varias veces durante nuestro estudio. Hoy, busca su nombre mientras lees. ¿Con quién está emparentado por afinidad?

El problema final que se cita en este texto, es uno que Esdras también tuvo que tratar. Cuando hayas terminado de leer, haz una referencia cruzada de Nehemías 13:23-29 con Esdras 9 y 10. Observa cómo trató cada uno de ellos al mismo problema.

Cuando termines, llena el capítulo 13 en tu cuadro del PANORAMA GENERAL DE NEHEMÍAS. Llena también la última división por secciones para los capítulos 8-13.

SÉPTIMO DÍA

 Para guardar en tu corazón: Nehemías 12:43-44.
Para leer y discutir: Nehemías 10-13.

PREGUNTAS PARA LA DISCUSIÓN O ESTUDIO INDIVIDUAL

∾ ¿Qué prometía exactamente hacer el pueblo, en el capítulo 10?

∾ ¿Cómo se aplicarían esos compromisos a nosotros como creyentes del Nuevo Testamento?

∾ ¿Cómo fue dedicado el muro de Jerusalén? ¿Cuál fue el significado de caminar sobre el muro alrededor de toda la ciudad? ¿Pudo escucharse la celebración por aquellos que intentaron detener el trabajo en el muro? ¿Por qué es importante?

∽ ¿Qué aprendiste al marcar la palabra gozo y sus sinónimos?

∽ Según el capítulo 13, ¿quién debía ser excluido de la asamblea? ¿Por qué?

∽ ¿Qué aprendiste acerca de Tobías?

∽ ¿Por qué eran asuntos importantes los matrimonios mixtos, el diezmo y guardar el sábado? ¿Deberíamos preocuparnos por eso hoy en día? ¿Cuáles son los principios que necesita aplicar hoy la iglesia?

∽ ¿Cómo manejó Nehemías los problemas? ¿Cómo había tratado Esdras con ellos casi 30 años atrás? ¿Qué podemos aprender de estos dos estilos?

∽ ¿Cómo volvió el pueblo del avivamiento, a los mismos patrones de pecado de antes? Considera las formas en que la iglesia hace lo mismo hoy en día. ¿Cuál es la respuesta?

PENSAMIENTO PARA LA SEMANA

La palabra salió, "Vengan a Jerusalén". Ellos vinieron. Los levitas, los cantores y la banda, todos ellos vinieron a Jerusalén. ¿Te imaginas la emoción que habrán sentido cuando vieron el muro? Para muchos, probablemente ésta fue la primera vez que veían el muro que Dios había construido en Jerusalén. Cuando el coro se reunió, Nehemías hizo un recorrido personal. La mitad de la asamblea fue hacia la izquierda y la otra mitad hacia la derecha y ellos marcharon sobre el muro. Luego ellos caminaron a lo largo de Jerusalén, sobre el muro, el muro que el enemigo había tratado de detener. El muro al que Tobías se refirió cuando se burló de los judíos diciendo: "si un zorro saltara sobre ello, derribaría su muralla de piedra" (Nehemías 4:3). El muro que causó temor en el corazón del enemigo porque ellos sabían que Dios estaba detrás de su construcción (Nehemías 6:16). Mientras hacían su recorrido, ¿puedes oírles cantando alabanzas a Dios por lo que Él ha hecho? Cuando el pueblo se reunió en el templo para adorar, el ruido era tan fuerte que los burladores probablemente los escucharon adorando. ¡Qué Dios tan maravilloso! Él construyó un muro en 52 días usando mano de obra no calificada. Él construyó un muro tan fuerte que la multitud pudo caminar sobre él. ¡Es natural que lo adoraran!

Pero, ¿qué pasó después? En Nehemías 10, 11 y 12, tenemos avivamiento, gozo y adoración. En el capítulo 13, tenemos el mismo patrón antiguo de pecado que antes los había metido en problemas. Vino la apatía. Este es un pecado insidioso que viene lenta y suavemente, sin aviso alguno. Caemos en él. Sólo un poco al principio, pero después, más y más cuando nos dejamos distraer por los afanes del mundo. Esto ocurrió en el tiempo de Nehemías y ocurre hoy en día. Vemos una respuesta a la apatía en Nehemías 13. La respuesta es responsabilidad de rendir cuentas. Mientras Nehemías se encontraba allí, ellos eran fieles. Necesitamos a alguien en nuestras vidas a quien rendir cuentas.

¿Rindes tú cuentas a otro creyente? ¿Hay alguien en tu vida que puede y te reprende en tu caminar con el Señor? Si la respuesta es no, entonces estás en peligro como el pueblo de Israel. Empieza con la gente de tu iglesia. Encuentra un grupo pequeño de creyentes afines y ríndeles cuentas a ellos. Esta es una manera de prevenir la apatía que tiene el potencial de destruirnos.

Otra forma es ser responsable a la Palabra de Dios. La exposición constante a la verdad de Dios al estudiar Su Palabra, te evitará ser arrastrado a los hábitos pecaminosos del pasado. La Palabra te mantendrá en el camino correcto. A medida que estudias, serás transformado por la renovación de tu mente. La Palabra de Dios promete eso (Romanos 12:1-2).

¿Puedes creer que has terminado de estudiar Nehemías en sólo cinco semanas? Ha sido un estudio maravilloso. Durante las tres primeras semanas, vimos cómo superar el temor y el desánimo. Ahora conoces algunas de las herramientas que el enemigo usa y has visto el ejemplo de Nehemías e Israel al superarlas. Sigue venciendo, tú eres más que vencedor por medio de Cristo Jesús, Señor nuestro.

En las últimas dos semanas vimos un avivamiento real y la apatía que viene con tanta frecuencia detrás del avivamiento. Ten cuidado. Mira que no caigas. Que el Señor te mantenga sediento del Agua Viva y hambriento del Pan de Vida, mientras continúas con el estudio de Ester.

Panorama General de Nehemías

Tema de Nehemías:

División por Secciones

Autor:			Tema de los Capítulos
			1
Fecha:			2
			3
Propósito:			4
			5
Palabras Clave:			6
			7
			8
			9
			10
			11
			12
			13

ESTER

En Tiempos Como Este

~~~~~

La vida y los acontecimientos a menudo pueden parecer muy ordinarios, aun insignificantes. Sin embargo, tú nunca sabes lo que Dios está haciendo detrás de las cortinas del tiempo ni hacia donde te llevará. Esa es la razón por la que es tan importante que vivamos piadosamente en las circunstancias diarias de nuestra vida, así como lo verás en tu estudio de Ester.

VIVE PIADOSAMENTE EN LAS CIRCUNSTANCIAS DIARIAS DE LA VIDA

"En tiempos como éste". Tú debes haber escuchado esta frase anteriormente, pero me pregunto si te das cuenta de lo importante que es para tu propia vida, para los días en que vives. Los tiempos son críticos, críticos para el bienestar de nuestra nación y cruciales para tu futuro si eres un hijo de Dios. Es por eso que el estudio del libro de Ester es tan importante y oportuno. Aunque el título de este libro de la Biblia tiene el nombre de una mujer, hay un hombre en esta historia de la vida real que es tan héroe como la heroína por quien fue nombrado el libro. Hay mucho que aprender de los personajes de este drama de la vida real, mucho que necesitamos saber y vivir, así que estudia bien. Los resultados podrían llegar a ser una plataforma de lanzamiento que te enviarán a un destino que nunca soñaste alcanzar.

PRIMER DÍA

Lee Ester 1. Al hacerlo, marca toda referencia a tiempo con un círculo, para que puedas establecer el contexto histórico del libro. También marca las palabras *enojó*[1] (*furor*[2]) y *decreto* de manera distintiva. Cuando termines, haz lo siguiente:

1. Escribe en tu cuaderno de notas los personajes principales que se mencionan en este primer capítulo, junto con una breve descripción de lo que aprendes de cada uno de ellos. Puedes anotarlo en un cuadro como el que está al final de esta página. Examina el texto para ver lo que observas cuando haces las 6 preguntas básicas: quién, qué, cómo, cuándo, dónde y por qué.

2. Observa las referencias de tiempo que marcaste y consulta el cuadro LA ÉPOCA DE ESDRAS, NEHEMÍAS Y ESTER de la página 46. Nota cómo el libro de Ester se relaciona cronológicamente con Esdras y Nehemías.

3. Mira el mapa de la página 113 para ver el territorio geográfico que abarcó el imperio Persa. La historia nos dice que Darío 1, el predecesor del rey Asuero (Jerjes), había invadido Grecia y fue derrotado en el año 490 a.C. El capítulo 1 de Ester ocurre siete años más tarde, en el año 483 a.C. Fue durante el tiempo del banquete de Asuero, en el tercer año de su reinado, que se llamó a una asamblea para planear otra invasión a Grecia.

Los Personajes Principales en el Libro de Ester				
Rey Asuero	Reina Vasti	Ester	Mardoqueo	Amán
Reinó desde India a Etiopía sobre 127 provincias				
La capital fue Susa				

IMPERIO PERSA
EN RELACIÓN CON OTRAS NACIONES

REINO UNIDO
Océano Atlántico
PORTUGAL
· Lisboa
ESPAÑA
· Tánger
MARRUECOS
ARGELIA
FRANCIA
SUIZA
Río Rin
ALEMANIA
Viena ·
AUSTRIA
ITALIA
TÚNEZ
LIBIA
POLONIA
BIELORRUSIA
HUNGRÍA
· Budapest
Río Danubio
RUMANIA
ALBANIA
BULGARIA
GRECIA
Mar Mediterráneo
EGIPTO
RUSIA
· Rostov
UCRANIA
Mar Negro
GEORGIA
TURQUÍA
AZERBAIYÁN
SIRIA
ISRAEL
JORDANIA
ARABIA SAUDITA
KAZAJSTÁN
UZBEKISTÁN
TURKMENISTÁN
IRÁN
IRAQ
· Bagdad
AFGANISTÁN
PAKISTÁN
INDIA
Mar Arábigo

~☙~

SEGUNDO DÍA

El libro de Ester es un drama grande y fascinante tomado de las páginas de la historia bíblica. Lee el capítulo 2 y observa cómo se introducen algunos personajes nuevos e importantes a este drama.

Marca la palabra *judío* de manera distinta. Puedes dibujar dos triángulos para hacer una estrella de David como ésta ✡. Colorearla de azul te ayudará a ubicarla más fácilmente. Cuando marques la palabra, también marca cualquier sinónimo o pronombre de la misma manera (por ejemplo, *pueblo* en el versículo 10). También marca toda referencia a tiempo.

Cuando termines el capítulo, observa cuándo Ester es llevada al rey Asuero. ¿Cuántos años pasaron desde el capítulo 1?

De acuerdo con la historia, el lapso de cuatro años entre los capítulos 1 y 2 se correlaciona con el período de la campaña griega de los persas. El rey Asuero (conocido también como el rey Jerjes) probablemente reunió la fuerza militar más grande que se haya visto, incluyendo una marina muy grande. Él cometió un error al no enviar sus tropas por el mar. En su lugar, hizo que sus hombres construyeran un puente en el Helesponto (un estrecho de una milla de ancho entre el mar Egeo y el mar de Marmara, que separa Asia Menor y Tracia en la Turquía de hoy). Observa el mapa de la página 113. Esta demora fue la que le dio tiempo a Esparta para reunir a 30 ciudades estado para que ayudaran a resistir a los persas. El ejército de Asuero apenas derrotó a Esparta en la Batalla de Termófilas y luego se movió hacia Atenas, donde saquearon y quemaron parte de la ciudad. Sin embargo, después el mar los atrajo, donde fueron derrotados en Salamis. El rey Asuero observó la destrucción de su marina desde una montaña alta, regresó derrotado a su hogar en Susa y escogió su reina.

TERCER DÍA

Hoy, lee nuevamente todo el capítulo 2 de Ester y escribe lo que aprendes acerca de Ester y Mardoqueo en el cuadro de tu cuaderno de notas titulado LOS PERSONAJES PRINCIPALES DEL LIBRO DE ESTER. Cuando termines, considera lo que observaste sobre Ester como persona y sobre Mardoqueo y su carácter, especialmente cuando se le ve en el evento alrededor del rey. Dios nos dice en Romanos 15:4 y en 1 Corintios 10:11 que las cosas que fueron escritas en tiempos pasados fueron escritas para nuestro ánimo, enseñanza y perseverancia. Cuando estudiamos las vidas de otros que vivieron para el Señor, esto nos anima. Cuando nuestras vidas atraviesan por dificultades, no seremos tentados a renunciar o a rendirnos, sino a perseverar, a medida que observamos cómo Dios viene a auxiliar a aquellos que realmente confían en Él.

CUARTO DÍA

Hoy, cuando leas el tercer capítulo de Ester, encontrarás otro personaje que juega un papel importante en los eventos que siguen.

Desde este punto en adelante, marca *Amán, hijo de Hamedata agagueo,* de un color o forma llamativa. Sin embargo, no marques toda referencia a Amán, sólo aquellas que lo identifican como agagueo. También marca las siguientes palabras clave y sus sinónimos: *judío, decreto*[3] (*edicto*[4]), *decrete, destruir*[5] y toda referencia a tiempo.

Mientras marcas las referencias a tiempo, toma nota del tiempo de estos eventos en comparación con el capítulo 2. También observa cuando el Pur, es decir la suerte, fue echada frente a Amán, cuando el decreto contra los judíos es escrito y cuando el decreto será ejecutado.

Según la tradición babilónica, los dioses se reunían el primer mes del año para decidir el destino de los hombres. De ahí que sea el tiempo posible del Pur.

QUINTO DÍA

Hoy, lee todo el capítulo 3 de nuevo y piensa acerca de la importancia de los eventos que acontecen en este capítulo. Escribe en tu cuadro todo lo que aprendes acerca de Amán. También escribe cualquier observación nueva que tengas sobre el rey Asuero y Mardoqueo. Lee con cuidado Ester 3:3-4 y fíjate en la razón por la cual Mardoqueo no se postró ante Amán.

Ahora, anota los principales eventos cubiertos en los capítulos 1-3, bajo los temas de capítulo en el cuadro del PANORAMA GENERAL DE ESTER de la página 133. Las instrucciones de cómo hacer esto están en la sección "Cómo empezar" en la página 11.

Amán ofreció al rey 10,000 talentos de plata (una cantidad considerable a la luz de la derrota del rey en Grecia y la pérdida no sólo de muchos hombres y barcos, sino también del botín de guerra). Heródoto, un historiador, escribió que el ingreso total anual del imperio Persa era de 14.560 talentos. Cuando Alejandro el Grande conquistó a los persas, su botín en Susa fue de 49,000 talentos.

SEXTO DÍA

A medida que leías el capítulo 3, ¿te preguntaste por qué Mardoqueo, que parecía ser leal al rey Asuero, rehusó postrarse ante Amán como el rey se lo había ordenado?

Cuando marcaste la frase *Amán, hijo de Hamedata agagueo*, fue obvio que el autor de Ester quería que los lectores entendieran exactamente quién era Amán, por eso es que usa la frase dos veces en tan sólo diez versículos.

Mientras que 2 Samuel 14:4; 18:28 y 1 Reyes 1:16 muestran que era una costumbre de los judíos mostrar respeto postrándose ante sus reyes, en la cultura persa, cuando alguien se postraba ante su rey, esto se hacía como un acto de adoración a alguien que se le consideraba como un ser divino. Esta pudo haber sido otra razón por la cual Mardoqueo rehusó postrarse.

Si tienes la *Biblia de Estudio Inductivo*, verás un cuadro al margen de Ester 3 que dice que el término *agagueo* posiblemente fue un sinónimo de amalecita. Agag era rey de los amalecitas. Si Amán era un amalecita, tendríamos otra posible explicación de por qué Mardoqueo desafió la orden del rey y rehusó postrarse ante Amán.

Lee Éxodo 17:8-16 y 1 Samuel 15:1-35. En tu cuaderno de notas escribe lo que aprendes acerca de los amalecitas y su relación con los judíos en estos dos pasajes. Recuerda que la razón por la que Mardoqueo no se postró ante Amán, fue debido a que él, Mardoqueo, era judío.

SÉPTIMO DÍA

 Para guardar en tu corazón: Ester 1:17.
Para leer y discutir: Ester 1:17; 2:5-15; 3:1-15.

PREGUNTAS PARA LA DISCUSIÓN O ESTUDIO INDIVIDUAL

ᗢ Guardar algo en nuestros corazones significa memorizarlo y aunque Ester 1:17 no parece un versículo que uno escogería memorizar, ¿qué principio aprendes de él con respecto a la influencia de aquellos en posición de autoridad? ¿Hay alguna lección para la vida que puedes aplicar en la práctica para tu propia vida? Considéralas.

∾ ¿Quiénes son los personajes principales en los tres primeros capítulos de Ester?

    a.   Discute lo que aprendiste acerca del carácter de cada uno de ellos. Si no tienes mucho tiempo para la discusión, enfócate en Ester y en lo que su comportamiento te dice sobre su carácter.

    b.   ¿Has visto algo sobre los personajes en estos tres primeros capítulos que puede aplicarse hoy en día? ¿Qué aprendiste sobre Ester lo cual te ayudará a discernir sobre el carácter de otros y sobre el tuyo propio?

∾ ¿Qué aprendiste sobre los agagueos o amalecitas que explicaría la razón por la cual Mardoqueo rehusó postrarse ante Amán?

    a.   ¿Qué aprendiste sobre los amalecitas en Éxodo 17? Los amalecitas pelearon contra Israel, pero según este pasaje, ¿quién más estuvo en guerra contra ellos de generación en generación? ¿Piensas que Mardoqueo conocía algo acerca de Éxodo? ¿Por qué?

    b.   ¿Qué aprendiste sobre Agag y los amalecitas? ¿Qué muestra la acción de Samuel con respecto a Agag acerca de él y Agag?

    c.   ¿Obtuviste alguna observación práctica de 1 Samuel que puedas aplicar a tu propia vida? ¿Tal vez un nuevo entendimiento de Dios y de cómo Él ve la obediencia parcial a mandamientos específicos?

PENSAMIENTO PARA LA SEMANA

Vivimos en un tiempo, en una era donde la cristiandad está muy enfocada en sí misma, en el individuo, en lo que Dios puede hacer por nosotros y cómo el cristianismo nos beneficia. Buscamos lo que es conveniente para nosotros, en lugar de lo que es bíblicamente correcto y de mantenernos en la realidad de que Dios es Dios y de que existimos a través de Él y para Él, no para nosotros mismos. Hay una falta de sumisión en nuestro caminar. Buscamos nuestros propios derechos, privilegios y planes individuales.

El libro de Ester nos da otra perspectiva de vida, una vida en la cual el mundo no se centra alrededor de nosotros ni cabe dentro de nuestro esquema, nuestro orden de eventos y nuestras preferencias. Haríamos bien si ponemos nuestra mirada firme en estas escenas históricas y las contemplamos a la luz de la manera en que vivimos y cómo deberíamos vivir.

La reina Vasti fue destronada, por así decirlo, aparentemente a causa de su evidente desatención a la orden de su esposo que dejó un mal ejemplo para las mujeres de la tierra. Ester pudo haber tenido otros planes, otros sueños y aspiraciones, pero se sometió al liderazgo de su primo. Ese acto de obediencia (que debe haber sido difícil, combinado con su disposición de admitir que no lo sabía todo y por lo tanto, necesitaba consejo sabio), ¡le otorgó a Ester un trono... y más!

¡Entonces viene el tema de la lealtad! ¿Quedaría sin recompensa la lealtad de Mardoqueo a su rey? ¿Importaba eso? ¿O solamente le importó a Mardoqueo hacer lo correcto? Cuando vemos a Mardoqueo en este acto inicial de un drama que sería revelado con el tiempo, necesitamos preguntarnos si actuamos para ser vistos y recompensados o si hacemos lo que es correcto simplemente porque es correcto y porque hay un Dios en el cielo a quien rendiremos cuentas algún día.

¿Existe un Dios en el cielo que mira los corazones de los hombres y mujeres y gobierna sobre los corazones de los reyes y los decretos del hombre, a favor de aquellos que son Suyos? Sería una buena pregunta a responder en tu mente y el libro de Ester te ayudará. El libro de Ester, no sólo es un drama que atrae la atención, sino que puede tener un impacto dramático en tu vida y por consiguiente, un impacto en la sociedad en la cual vives. Oramos para que te motive a vivir piadosamente en las circunstancias diarias de la vida, sabiendo que lo ordinario es una preparación de Dios para ese momento cuando Él corra la cortina y te deje ver cómo se ha movido a través de ti en una forma extraordinaria.

CUANDO TODO PARECE OSCURO
Y SIN ESPERANZA

Cuando las cosas parecen oscuras y sin esperanza, te preguntas "¿Existe un Dios en el cielo que gobierna sobre los asuntos de los hombres? ¿Un Dios en quien puedo confiar que estará allí en mi necesidad más grande, en mi hora de crisis? ¿Un Dios que nunca llega tarde?"

Si puedes tener una respuesta positiva a estas preguntas, ¿puedes imaginarte la tranquila confianza y valentía que pueden ser tuyas?

Las lecciones para las próximas dos semanas te darán la respuesta. Estudia bien, observa la Palabra de Dios y descubre la verdad por ti mismo: Tú serás el más rico.

PRIMER DÍA

Lee todo el capítulo 4 de Ester y marca las siguientes palabras clave de la misma manera que las marcaste la semana pasada: *judíos*, *destrucción*[6] y *decreto*[7]. Observa cuidadosamente los eventos de este capítulo.

SEGUNDO DÍA

El decreto enviado a las provincias permitió a los judíos solamente 11 meses de supervivencia. Su destino parecía estar sellado, porque una vez que una ley era promulgada, de acuerdo a las leyes de los medos y persas, ésta no podía ser cambiada. La permanencia de una ley persa dada por el rey se afirma en Daniel 6:15. ¿Qué recurso tenía este pueblo? ¿Cómo podría Dios rescatarles?

Lee el capítulo 4 de nuevo. Esta vez, marca las siguientes palabras clave de manera distinta: *cilicio*[8], *ceniza* y *ayuno*. (*ayunen*[9]). Agrega la palabra ayuno a tu lista de palabras clave, luego observa exactamente quién se puso cilicio y ceniza y ayunó y por qué lo hizo. Escribe tus impresiones en tu cuaderno de notas. (En tu estudio de Esdras y Nehemías, también viste que ellos ayunaron: Esdras 8:21; 10:6; Nehemías 1:4).

Lee Ester 4:14. ¿Qué piensas que le dio la confianza a Mardoqueo que si Ester guardaba silencio, entonces vendría la liberación de alguna otra parte? Lee Jeremías 33:14-26 y haz una lista en tu cuaderno de notas de las declaraciones de Dios relacionadas al futuro de Israel. (A propósito, Jeremías profetizó en los años 627-574 a.C. Él estuvo en Jerusalén durante la etapa final del rey Nabucodonosor y la destrucción de Jerusalén y el templo).

TERCER DÍA

Aunque nunca se menciona por nombre a Dios en el libro de Ester, lo cual lo hace único entre los otros libros de la Biblia, parece obvio por el cilicio, ceniza y ayuno de Mardoqueo y los judíos, que ellos estaban buscando al Dios del cielo para su liberación.

Busca los siguientes pasajes bíblicos y escribe en tu cuaderno de notas lo que aprendes acerca del ayuno. Mientras lees esos pasajes (que no son exhaustivos), examínalos a la luz de las 6 preguntas básicas y toma nota de lo que aprendes de ellos en relación al cilicio, ceniza y/o ayuno. Marca estas tres palabras en los siguientes pasajes bíblicos de la misma manera que lo hiciste en el libro de Ester.

ᐁ Joel 1:1-14 (Joel profetizó en los años 825-809 a.C.)

ᐁ Jonás 3:1-10 (Jonás profetizó en los años 784-772 a.C.)

ᐁ Isaías 58:3-12 (Isaías profetizó en los años 739-681 a.C.)

* Observa que Ester cubrió los años 483 a 473 a.C., así que los judíos tuvieron conocimiento de estos profetas y eventos históricos.

Cuarto Día

Lee el capítulo 5. Marca las palabras clave y referencias a tiempo. Luego, cuando termines, fíjate en la respuesta de Ester a Mardoqueo en el capítulo 4 y su estrategia en el capítulo 5. También anota en el cuadro que empezaste la semana pasada, LOS PERSONAJES PRINCIPALES EN EL LIBRO DE ESTER, lo que aprendes acerca de Ester y Mardoqueo en los capítulos 4 y 5.

Quinto Día

Lee Ester 6 y observa cuidadosamente el progreso de los eventos en este capítulo. Cuando termines, toma nota de lo que aprendes acerca del rey Asuero y Amán en Ester 4-6. Escribe esto en tu cuadro titulado LOS PERSONAJES PRINCIPALES EN EL LIBRO DE ESTER. También anota los temas de los capítulos 4-6 en el cuadro PANORAMA GENERAL DE ESTER.

Sexto Día

Lee Ester 2:5-6:14 y observa la cadena de eventos. Fíjate en todas las referencias a tiempo que has marcado a medida que estudiabas. ¿Qué observas en esta cadena de eventos? ¿En el tiempo? ¿Parecen ser accidentales los sucesos?

Busca los siguientes pasajes bíblicos. Escribe en tu cuaderno de notas lo que aprendes acerca de Dios y los eventos de la vida de estos pasajes:

ᗍ Deuteronomio 32:39
ᗍ Daniel 4:34-35
ᗍ Isaías 43:13

¿Crees que el ayuno de los judíos, Mardoqueo y Ester jugó algún papel en estos eventos? ¿Crees que Dios tenía algo que ver con todo esto o era simple coincidencia? Piensa respecto a esto. ¿Qué puedes aprender para tu propia vida?

Al llegar al final de esta semana, toma unos pocos minutos para pensar en el contenido de Ester capítulo por capítulo. ¿Cuál es el evento principal cubierto en cada capítulo de Ester? Anótalo en el cuadro PANORAMA GENERAL DE ESTER en la página 133. Luego, cuando termines, trata de pensar en cada capítulo de Ester hasta el capítulo 6, sin mirar el cuadro. Cuando lo haces, te ayuda a recordar la Biblia libro por libro, lo cual resulta muy útil cuando estás ministrando a otros y quieres que ellos vean lo que Dios dice con relación a su situación particular.

ᗍᐤᗍ
SÉPTIMO DÍA

 Para guardar en tu corazón: Ester 4:14
Para leer y discutir: Ester 4-6.

PREGUNTAS PARA LA DISCUSIÓN O ESTUDIO INDIVIDUAL

ᗍ Repasa la serie de eventos en el libro de Ester desde los capítulos 1-6.

ᗡ El libro de Ester puede ser un estudio interesante y profundo de personajes. Discute lo que aprendiste acerca de las siguientes personas y lo que puedes aplicar a tu propia vida:

- Rey Asuero
- Reina Vasti
- Mardoqueo
- Ester
- Amán

ᗡ ¿Qué aprendiste en los dos pasajes acerca del ayuno? ¿Discute lo que aprendiste acerca del ayuno, la forma en que se hacía, cómo se hacía y por qué se hacía?

ᗡ Finalmente, ¿dónde ves a Dios en los eventos de Ester hasta este punto? ¿O crees que no se le vincula a Él con estos eventos, puesto que no se le menciona?

Pensamiento para la Semana

Cuando estás en problemas, ¿a dónde vas? ¿Por qué? ¿De dónde viene *tu* ayuda... tu esperanza?

¿Es realmente capaz el hombre de rescatar al hombre? ¿O está el Dios invisible detrás de las cortinas del escenario de la vida, anticipando los eventos de tu vida, la de otros y las acciones de las naciones?

Tus respuestas a estas preguntas pueden ser la diferencia entre la paz y la confusión, entre la estabilidad o el caos emocional y mental. ¿Estás confiando y buscando a Dios? Si no es así, déjanos sugerirte que consideres por qué no lo estás haciendo.

Así dice el Señor:
Maldito el hombre que confía en el hombre,
Y hace de la carne su fortaleza
Y del Señor se aparta su corazón.

Será como arbusto en lugar desolado
Y no verá cuando venga el bien;
Habitará en pedregales en el desierto,
Una tierra salada y sin habitantes.
Bendito es el hombre que confía en el SEÑOR,
Cuya confianza es el SEÑOR.
Será como árbol plantado junto al agua,
Que extiende sus raíces junto a la corriente;
No temerá cuando venga el calor,
Y sus hojas estarán verdes;
En año de sequía no se angustiará
Ni cesará de dar fruto (Jeremías 17:5-8).

¿BAJO EL DEDO OPRESOR DEL HOMBRE O SOSTENIDO POR LA PODEROSA MANO DE DIOS?

¿Estás frustrado por los planes, conspiraciones y acciones de otras personas? ¿Te sientes controlado por otros, como una víctima de su poder?

¿Acaso no puede Dios pasar por encima del hombre? ¿O debe Él someter a Su pueblo, Su plan y Sus propósitos para ellos, a la voluntad del hombre?

¡Estudia bien... las respuestas están en el Libro de libros, la Biblia!

PRIMER DÍA

Lee Ester 5-7 para regresar al contexto del libro. Mientras lo haces, marca cualquier palabra clave que hayas marcado en los otros capítulos. Luego escribe el evento principal cubierto en el capítulo 7 en tu cuadro del PANORAMA GENERAL DE ESTER. Cuando termines, lee Ester 8 y marca cada vez que encuentres la palabra *revocar*[10]. Aunque ya lo has visto antes en tu estudio, fíjate en lo que no podía revocarse y por qué. (Recuerda Daniel 6:15).

SEGUNDO DÍA

Lee Ester 8 de nuevo. Esta vez marca las palabras clave y cualquier referencia a tiempo. Enumera en tu cuaderno de notas los detalles del nuevo edicto escrito y sellado con el anillo del rey. Cuando termines, escribe el evento principal de este capítulo en el cuadro del PANORAMA GENERAL.

TERCER DÍA

Lee Ester 9-10 y marca las palabras clave y cualquier referencia a tiempo. Marca también la frase *pero no echaron mano a sus bienes* (o frases similares). Cuando termines, repasa los eventos de este capítulo en tu mente y escribe los eventos cubiertos en estos capítulos finales en el cuadro del PANORAMA GENERAL. Entonces, tendrás un buen resumen del libro de Ester.

CUARTO DÍA .

Vuelve a leer Ester 9 y observa que una vez más, el rey dicta otro decreto. Escribe los detalles de este decreto en tu cuaderno de notas. Cuando termines, regresa a todo el libro de Ester y fíjate en cada edicto que se registra en este libro. Puedes poner el título LOS EDICTOS DEL LIBRO DE ESTER en tu lista. Escribe también estos edictos bajo la división por secciones en el cuadro del PANORAMA GENERAL DE ESTER y llena todo lo que puedas en este cuadro.

QUINTO DÍA

Vuelve a leer Ester 9 una vez más y marca toda referencia a *Pur* y *Purim*. Luego, regresa al 3:7 y marca *Pur* de la misma manera. Cuando termines, escribe en tu cuaderno de notas todo lo que aprendes con relación al Purim. Responde todas las preguntas básicas que el texto proporciona, relacionadas con esta fiesta y toma nota referente a lo que es, por qué fue inaugurada, cuándo ocurre, cómo se celebra y por qué. También asegúrate de prestar atención del por qué se llama Purim. Esta fiesta todavía es celebrada anualmente por los judíos.

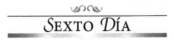

SEXTO DÍA

En tu último día de estudio, toma nota de todo lo que aprendes acerca del rey, Amán, Ester y Mardoqueo en el cuadro LOS PERSONAJES PRINCIPALES DEL LIBRO DE ESTER, en los capítulos 7-10. Luego, reflexiona acerca de todo lo que aprendiste, especialmente sobre Mardoqueo.

¿Es Ester la única heroína en este suceso histórico? ¿Qué aprendes de la vida de Mardoqueo que puedes aplicar a tu propia vida? ¿Qué clase de modelo es él?

De todo lo que aprendiste en tu estudio estas tres últimas semanas, ¿quién crees que está detrás de Mardoqueo? ¿Por qué? ¿Crees que él pudo haber dicho las famosas palabras de Ester: "Y si perezco, que perezca"? ¿Y tú? ¿Cuán comprometido estás con Dios y con el bienestar de la gente de Su reino?

SÉPTIMO DÍA

 Para guardar en tu corazón: Ester 10:3
Para leer y discutir: Ester 7-10.

PREGUNTAS PARA LA DISCUSIÓN O ESTUDIO INDIVIDUAL

∾ ¿Cuál es la serie de eventos en Ester 7-10?

a. Discute sobre los diferentes edictos que se registran en el libro de Ester.

b. ¿Qué hacía que el edicto de un rey fuera tan importante?

c. ¿Podía revocarse el edicto del rey que ordenaba la destrucción de los judíos en el decimotercer día del duodécimo mes, Adar (ver Ester 3)? ¿Qué pasaje en Daniel habla del poder del edicto de un rey medo-persa?

d. ¿Viste alguna importancia en el hecho de que los judíos conocieron el edicto del capítulo 3, once meses antes de que se promulgara?

e. ¿Cómo sobrevivieron los judíos a este edicto? Discute sobre lo que se hizo para contrarrestarlo, cómo y cuándo fue ejecutado y el resultado de este edicto.

∞ ¿Aprendiste algo en relación a estos edictos que podrías aplicar a tu propia vida? Lee las preguntas que se encuentran al comienzo de las tareas de esta semana y piensa cómo responderías a ellas después de haber estudiado estas últimas tres semanas.

∞ ¿Qué nuevas impresiones escribiste con respecto al rey Asuero, Amán, Ester y Mardoqueo?

a. Discute cómo le fue a cada uno y por qué.

b. ¿Cómo se compara Mardoqueo a Ester? ¿Es ella la única heroína de este libro?

c. Comparte lo que aprendiste de la vida de cada uno de los personajes de este libro y qué puedes aplicar a tu vida.

d. ¿Qué impresiones obtuviste de sus vidas con relación a la gente y su comportamiento?

∾ ¿Cómo explicarías la fiesta del Purim a otra persona? Responde todas las preguntas básicas que puedas con relación a esta fiesta.

∾ Finalmente, comparte lo que más te tocó mientras estudiabas el libro de Ester. ¿Crees que tendrá un impacto duradero en tu vida? ¿Cómo? ¿Qué vas a hacer para asegurarte de no perder los principios y preceptos que has descubierto en este libro?

PENSAMIENTO PARA LA SEMANA

"Y si perezco, que perezca". Estas son las palabras que asociamos con el personaje de Ester, una judía que vivió hace casi dos milenios y medio. Pero como hijos de Dios, ¿no debería ser eso una verdad para nosotros también? ¿Acaso no fuimos llamados por nuestro Señor Jesucristo a negarnos a nosotros mismos, tomar nuestra cruz y seguirle? ¿Acaso no vamos a perder nuestra vida, "a perecer", para que a través de nuestra muerte Su resurrección pueda ser manifiesta en la oscuridad del tiempo y así, causar impacto en nuestra sociedad y salvar muchas vidas a través de nuestro testimonio firme y constante?

¿Puedes imaginarte, qué impacto tendría tal consagración, tal negación de sí mismo en una sociedad que está tan embebida en sí misma?

Si tan sólo pudiéramos darnos cuenta, como lo hicieron Ester y Mardoqueo, que hemos sido traídos a "Su reino" para tiempos como este y por consiguiente, debemos vivir como corresponde. ¡Vive sin temor a las amenazas ni al rostro del hombre, más bien teme únicamente el desobedecer los edictos celestiales de Dios!

Si hiciéramos esto, nuestro cristianismo tendría una nueva y completa dimensión de poder. Seguramente veremos y experimentaremos la liberación sobrenatural de nuestro soberano, omnipotente Dios. Y entre las filas de la cristiandad, habrá más de quienes se podrá decir: "Ellos buscaron el bien del pueblo de Dios y hablaron por el bienestar de Su reino". Que esto se diga de ti...de nosotros.

Panorama General de Nehemías

Tema de Nehemías:

Division por Secciones

		Tema de los Capítulos	Autor:
		1	
		2	Fecha:
		3	Propósito:
		4	Palabras Clave:
		5	
		6	
		7	
		8	
		9	
		10	

Notas

ESDRAS

1 RV60: *pero no oísteis.*
  NVI: *pero ustedes no han hecho caso*
2 NVI: *templo*
3 RV60: *casa de Jehová*
  NVI: *templo*
4 NVI: *los enemigos del pueblo de Judá y de Benjamín*
5 RV60: *el pueblo de la tierra*
  NVI: *los habitantes de la región*
6 RV60: *muro*
7 RV60: *dio orden*
  NVI: *edicto*
8 RV60: *orden*
  NVI: *decreto*
9 RV60: *libro*
10 RV60: *ordenado*
   NVI: *ordenado*
11 NVI: *templo de Dios*
12 RV60: *carta*
   NVI: *carta*
13 RV60: *la mano de Jehová su Dios estaba sobre Esdras*
   NVI: *el Señor su Dios estaba con él*
14 RV60: *prescribiste*
   NVI: *advertiste*
15 NVI: *templo de Dios*

NEHEMÍAS

1 NVI: *recuerda*
2 RV60: *diste*
  NVI: *diste*
3 RV60: *diste*
  NVI: *dijiste*

4   RV60: *benéfica mano de mi Dios sobre mí*
    NVI: *Dios estaba actuando a mi favor*
5   RV60: *quebranto*
    NVI: *dolor*
6   RV60: *muro*
7   NVI: *trabajó*
8   RV60: *temáis*
9   RV60: *acordaos*
10 NVI: *reverencia*
11 RV60: *hacerme temer*
    NVI: *intimidarme*
12 RV60: *muro*
13 RV60: *gozo*
    NVI: *gozo*
14 RV60: *alegría*
    NVI: *fiesta*
15 RV60: *entristescáis*
    NVI: *lloren*
16 RV60: *descendencia*
17 NVI: *descendientes de Judá, judíos*
18 NVI: *descendientes de Benjamín, benjaminitas*
19 RV60: *estatuto*
    NVI: *establecido*
20 RV60: *servicio*
    NVI: *servicio*

ESTER
1   NVI: *contrarió*
2   RV60: *encendió en ira*
    NVI: *enfureció*
3   RV60: *edicto*
    NVI: *edicto*
4   RV60: *escrito*
5   NVI: *exterminar*
6   NVI: *aniquilación*
7   NVI: *edicto*
8   NVI: *luto*
9   RV60: *ayunad*
10 NVI: *contraorden*

Notas para el Estudio Personal

Notas para el Estudio Personal

Notas para el Estudio Personal

Notas para el Estudio Personal

Ministerios Precepto Internacional fue levantado por Dios para el solo propósito de establecer a las personas en la Palabra de Dios para producir reverencia a Él. Sirve como un brazo de la iglesia sin ser parte de una denominación. Dios ha permitido a Precepto alcanzar más allá de las líneas denominacionales sin comprometer las verdades de Su Palabra inerrante. Nosotros creemos que cada palabra de la Biblia fue inspirada y dada al hombre como todo lo que necesita para alcanzar la madurez y estar completamente equipado para toda buena obra de la vida. Este ministerio no busca imponer sus doctrinas en los demás, sino dirigir a las personas al Maestro mismo, Quien guía y lidera mediante Su Espíritu a la verdad a través de un estudio sistemático de Su Palabra. El ministerio produce una variedad de estudios bíblicos e imparte conferencias y Talleres Intensivos de entrenamiento diseñados para establecer a los asistentes en la Palabra a través del Estudio Bíblico Inductivo.

Jack Arthur y su esposa, Kay, fundaron Ministerios Precepto en 1970. Kay y el equipo de escritores del ministerio producen estudios **Precepto sobre Precepto,** Estudios **In & Out**, estudios de la **serie Señor**, estudios de la **Nueva serie de Estudio Inductivo**, estudios **40 Minutos** y **Estudio Inductivo de la Biblia Descubre por ti mismo para niños.** A partir de años de estudio diligente y experiencia enseñando, Kay y el equipo han desarrollado estos cursos inductivos únicos que son utilizados en cerca de 185 países en 70 idiomas.

MOVILIZANDO
Estamos movilizando un grupo de creyentes que "manejan bien la Palabra de Dios" y quieren utilizar sus dones espirituales y talentos para alcanzar 10 millones más de personas con el estudio bíblico inductivo. Si compartes nuestra pasión por establecer a las personas en la Palabra de Dios, te invitamos a leer más. Visita **www.precept.org/Mobilize** para más información detallada.

RESPONDIENDO AL LLAMADO
Ahora que has estudiado y considerado en oración las escrituras, ¿hay algo nuevo que debas creer o hacer, o te movió a hacer algún cambio en

tu vida? Es una de las muchas cosas maravillosas y sobrenaturales que resultan de estar en Su Palabra – Dios nos habla.

En Ministerios Precepto Internacional, creemos que hemos escuchado a Dios hablar acerca de nuestro rol en la Gran Comisión. Él nos ha dicho en Su Palabra que hagamos discípulos enseñando a las personas cómo estudiar Su Palabra. Planeamos alcanzar 10 millones más de personas con el Estudio Bíblico Inductivo.

Si compartes nuestra pasión por establecer a las personas en la Palabra de Dios, ¡te invitamos a que te unas a nosotros! ¿Considerarías en oración aportar mensualmente al ministerio? Si ofrendas en línea en **www.precept.org/ATC**, ahorramos gastos administrativos para que tus dólares alcancen a más gente. Si aportas mensualmente como una ofrenda mensual, menos dólares van a gastos administrativos y más van al ministerio.
Por favor ora acerca de cómo el Señor te podría guiar a responder el llamado.

COMPRA CON PROPÓSITO
Cuando compras libros, estudios, audio y video, por favor cómpralos de Ministerios Precepto a través de nuestra tienda en línea (**http://store.precept.org/**) o en la oficina de Precepto en tu país. Sabemos que podrías encontrar algunos de estos materiales a menor precio en tiendas con fines de lucro, pero cuando compras a través de nosotros, las ganancias apoyan el trabajo que hacemos:

• Desarrollar más estudios bíblicos inductivos
• Traducir más estudios en otros idiomas
• Apoyar los esfuerzos en 185 países
• Alcanzar millones diariamente a través de la radio y televisión
• Entrenar pastores y líderes de estudios bíblicos alrededor del mundo
• Desarrollar estudios inductivos para niños para comenzar su viaje con Dios
• Equipar a las personas de todas las edades con las habilidades del estudio bíblico que transforma vidas.

Cuando compras en Precepto, ¡ayudas a establecer a las personas en la Palabra de Dios!

CPSIA information can be obtained
at www.ICGtesting.com
Printed in the USA
LVHW050418160321
681656LV00022B/686